天下文化
BELIEVE IN READING

刻意進化

Mental Disciplines for Leading and Winning
from the World's Top Performers

LEARNED EXCELLENCE

突破極限的心智鍛鍊

艾瑞克・波特瑞特博士（Eric Potterat, PhD）
亞倫・伊格爾（Alan Eagle）——著　呂奕欣——譯

獻給安德莉亞（Andrea）、蘿倫（Lauren）、布萊斯（Bryce）、塔瑪拉（Tamara）、威爾（Will）、安迪（Andie）、諾蘭（Nolan）與克萊兒（Claire），你們帶來啟發，讓我們日日學習卓越。

目次

各界讚譽

當你Google「如何成為表現優異的人」時，本書應該會出現在第一筆資料。如今的領導者必須在不斷變化中思考與前進。我誠摯建議他們，現在就開始學習本書的原則，才能迎向精采未來。

——艾瑞克．施密特（Eric Schmidt），Google前執行長與董事長

如果我開始踢足球時就讀到這本書，該有多好！本書將深深影響下一代的勝利者，無論這些人在哪裡，用什麼方式追求卓越。

——卡莉．勞埃德（Carli Lloyd），美國國家女子足球隊員、兩屆世界盃冠軍與年度最佳球員、兩屆奧運金牌得主

本書對我影響深遠。正因為有艾瑞克的引導，我才能贏得北京冬奧金牌，並享受比賽的過程。無論你心中的金牌是什麼，本書都能助你一臂之力。

——陳巍（Nathan Chen），
二〇二二年冬奧男子花式滑冰金牌、三屆世錦賽金牌

任何人都能表現優異，在學業與職場發光，甚至像我一樣，飛向太空。本書教我們如何培養最佳心態，發揮潛能。如果你渴望突破極限，這是你起步的絕佳讀物。

——向安・普羅戈特博士（Dr. Sian Proctor），
美國太空人，第一位商業航太女性駕駛

許多人都在尋找更有效的方法，提升自己的表現與領導力。本書是完美的行動手冊，引領你邁向卓越之路！

——艾瑞克・史波斯特拉（Erik Spoelstra），
帶領NBA邁阿密熱火兩度封王的總教練

艾瑞克長期與高壓環境下的菁英合作，發展出一套在關鍵時刻發揮實力的策略。在本書中，他提供一系列可執行的實用方法，幫助每個人發揮最大潛能。

——喬科・威林克（Jocko Willink），作者、執行長、海豹部隊退役軍官

01

你，上場時刻

你是海豹部隊成員，正搭乘直升機，準備執行任務。你反覆檢查裝備；萬事OK，準備就緒。你環顧身邊的同袍：他們安安靜靜，在飛行的轟隆聲中深呼吸，心裡都在想像接下來將要發生的情況。你也一樣，閉上雙眼，想像稍後將身處於什麼樣的環境。你不光是看到，還能感受到那裡的氣味、聲音與觸感。你在腦海中檢視，如果一切依照計畫，會碰到何種情況（彷彿已經發生），以及如果沒有按照計畫，又會發生哪些意外情況。你專注於深呼吸。直升機降落，機門打開。

你是特技飛行員，駕著客製化的雙翼飛機來比賽。你會執行各式各樣的操作，讓群眾大開眼界（但願評審也是）。你身體將承受的重力之大，換作別人，恐怕會失去意識。你把一張程序卡貼在儀表板前面，不過，那是多此一舉；整個流程已在你腦海中演練過無數次，覺得自己必能完美執行。你完成一項招式，正準備進行下一個操作時，突然間什麼都看不到。駕駛艙裡煙霧瀰漫，於是你打開座艙罩，讓空氣恢復清新，這時你感覺到腳邊熱熱的。你在距離地面三百零五公尺的空中，以時速兩百四十公里飛行，而飛機引擎卻在漏油。

你是某城市的警察局長，已服役三十多年，從菜鳥警察步步高升，成為任務龐雜的大型警局局長，為社會的公共安全發聲。但今天有一位警員因公殉職，你正前往與家屬見面的路上。你在距離殉職警員家僅幾個街區的地方停車，深呼吸，讓自己鎮定下來。接下來發生的事情，和你、警局或城市無關。你的言語和行為可以幫助家屬療傷，但也可能無濟於事。

你是國會議員，在華府歷經好幾個任期。現在，你已經習慣了：無情的民調會告訴你是否受到歡迎，還有沒完沒了的募款活動，永遠要為下一場選舉做計畫。你正推動令你感到自豪的法案，可望為國民生活帶來改變，甚至可能挽救其中一些人。但今天這項草案要在國會辯論，結果如何很難預料。委員會主席為了不同的政治理由而站在反對法案的立場，因此你的法案辯論與後續審查流程肯定會很激烈。你伸手到公事包，拿出會受益於法案的民眾照片，放到面前的桌上。這場爭論是關於他們，而不是你。提問開始了。

你是面臨期末考的學生，分數會占學期成績的百分之五十，這門課會讓你得到想要的工作，或是理想的大學。

你是家長，最大的孩子正承受中學的學業壓力，還有小團體引發的情緒煎熬；最小的孩子則在房間裡擔心即將到來的考試，你得準備晚餐，收件匣還有一堆非得回覆不可、不能拖到明天的電子郵件。

你是商務人士，正要對客戶、夥伴或老闆做簡報。過去半年來，你為了這項計畫費盡心力，相當在意。你有三十分鐘的時間，說服抱持懷疑態度的聽眾，讓他們相信這件事很重要。

你站在講台上，準備演講。你眼前有筆記，也曾演練十幾次，但現場有滿滿的聽眾，燈光打在你臉上。為什麼你會認為這是好主意？

你在咖啡店，等著與人約會。這次的對象讓你懷抱萬分期待；你們曾經講過電話，甚至以 FaceTime 聊過幾分鐘，讓你開懷大笑！你啜飲著酒，杯子上已有水珠凝結，對方遲到了。還要等多久？然後，門打開了，原本只在手機螢幕上出現的那個人匆匆走了進來。

你在讀這幾個場景時，或許會覺得後面幾個情況比前面幾個熟悉。你可能是學生、家長、商務人士、不得不上台演講的人，或是陷入愛河的人，而不是海豹部隊、特技飛行員、警官或是國會議員。但事實上，這些場景都有雷同之處：都是關於上場表現。這些場景所描述的，都是某個人要承擔有挑戰性的事，結果也很重要。那件挑戰可能很極端：在大浪上衝浪、衝進失火的建築物；或可能是平凡得多的事：業績簡報、理化考試、學校戲劇表演。雖然得失與困難度的差異可能很大，不過本質上相去無幾。

我們都在追求表現成果，不時要承擔對我們而言很重要的挑戰。有少數人在自己領域裡表現出色；多數人是還不錯，但希望能更上層樓。或許我們不會成為世界冠軍，但人人都想善加發揮潛力。所以我們學習技巧、練習、閱讀與訓練，也會失敗、自責、忍受，接著繼續練習、嘗試、努力，一心想表現得更好。

可惜的是，在這些訓練與準備中，我們通常會忽視追求卓越時最重要的元素：心智層面。我們什麼都訓練過了，就是沒能訓練心智。等重要時刻來臨，通常讓我們無法如願以償的，就是心智。

硬體與軟體

在接下來的章節，我會告訴你如何做好心理準備，在重要時刻好好表現，無論這些時刻是大是小，是預期中或是突發狀況。我的洞見、法則與練習，是來自三十多年的工作經驗。我曾擬定與管理心智表現的課程，對象包括美軍海豹部隊、洛杉磯道奇隊與紅牛贊助的運動員，也開設過運動、軍事、先遣急救與企業領域等主管的教練課程。你可以說，我對心智表現有份狂熱。我喜歡學習究竟有什麼動機，讓人持續為績效表現努力，且不中輟。

這些經驗與工作，讓我有機會與各個領域眾多表現卓越的人面對面，有軍隊戰士，有運動員，也有企業界人士與先遣急救員。在過程中，我練就出堅強的觀點，看出頂尖者與他人的差異。要理解我的觀點，不妨看看你的手機。你八成此刻伸手就拿得到這神奇的裝置。

你的手機（或是平板、電腦）是很棒的硬體，有很炫的處理器，其規格使用的字眼包括位元、核心與時脈頻率，後者的計量單位是千兆赫（GHz）。這個裝置裡的記憶體容量很大，以吉位元組（GB）計算。這裝置的鏡頭有百萬像素、影格速率與光圈大小。這些都很重要——必定如此，因為廣告與評論告訴我們這些很重要。但其實光是這樣也沒用。硬體裝置要能運作，就需要軟體。誰在乎手機有多少兆赫、多少吉位元？你在乎的是要能收訊息、看影片、貼文、玩遊戲，或真正與人通話。硬體很重要，但是作業系統與應用程式才能讓手機表現出效能。你可以有最好的硬體，但如果軟體跟不上也是枉然。有軟體，才有辦法運作。

我和表現頂尖的人聊天時，會覺得故事聽起來一模一樣。他們有很棒的硬體，在體能與智慧上超越群倫，並透過大量的努力與複習，鍛鍊能力，但許多人都是如此。兩者的差異，在於頂尖人士的心理途徑。他們的心智就是堅毅，不會退縮。他們不擔心出錯，或別人怎麼看；他們會依循對自身的認同與價值觀來行事，而非擔心聲譽可能受到影響。在壓力時刻，他們會維持心平氣和，冷靜自持。

當你在觀察表現最佳的人時，會以為這些人就是與眾不同。他們能展現出平靜、自信；那是與生俱來的，對吧？他們一定天生如此！

非也！他們是**學習**如何變得完美。沒錯，他們也許在體能或智力特質上和我們其他人不同，但就算是最厲害的人，心理也可能會出現錯誤。在一場重要比賽中，金牌熱門人選還是會心心念念可能出什麼問題，而不是記得自己的卓越技巧與能力（我曾收過一名個案在比賽上場前傳的簡訊：我懷疑自己，可給我什麼建議嗎？）。他們之所以成為人上人，是因為在脖子以上、兩耳之間所發生的事情。在妥協與成就、良好與優秀、完成與滿意之間的差異，完全是來自心智。正如同你的手機，造成差異的因素，來自軟體。

卓越，是透過學習達成

在與眾多優秀人士合作的數十年間，我看出幾項共同事實。每個人都想要有最好的表現。在生活中的每個面向，我們都希望把潛力完整發揮出來，甚至多發揮一點。當然，有些人的動機比其他人更強一些，會更努力、花更長時間工作，善用每天的時時刻刻，而其他人則會優閒的看看電視或打電動度過夜晚。不過，基本的人性是不變的。我們想在生活中的每個層面都能夠表現更好，這樣能讓我們更快樂。[1]

但是，大部分的人在完整發揮潛力的過程中，往往會自暴自棄。我們不再專注自己是誰、想達成什麼目標、如何前往目標，而是把腦力投入到思考可能會出什麼問題。其他人是怎麼想的？要是失敗呢？情況會怎樣？我們總是依賴外界觀感行動，而非依據內在認同行事。於是，我們不願冒險、擔心失敗。我們會害怕。等到上了年紀，回顧人生時，大部分的懊悔是來自當初沒做什麼，而不是做了什麼。[2]然而，我們還是花了大把的時間與精力，避免自己採取行動。我不能那樣做、我可能會失敗。我不能那樣做、我不擅長。我不能那樣做、會很難看。

於是，等到上場時刻，竟發現自己受到原始的戰、逃或僵住不動的機制支配。這下子呼吸與心跳速率提高、胃部翻騰、汗流不止、思緒飛快。這些反應可能在遭到掠食者追逐時挺有用的，但在當今講究績效的場景之下，可能只會讓表現扣分。我們尚未準備好面對壓力，不知道該如何處理。因此，我們沒能完整發揮潛力。

別難過，這不是我們的錯。從歷史的泰半時間來看，不管是哪個領域的表現，其教育訓練基本上都是著眼在硬體：力量、忍耐、技巧、營養、知識與能力。傳統上，心智訓練通常局限在做某件事時，死記硬背的機械式學習：無論是如何烤個蛋糕或解決數學等式都是這樣。回想一下當年求學時，即將面臨重要考試（如果你是學生，可能上星期才碰到這情況呢！）。老師會依照教材教你、給你作業，或許還告訴你考試題目。但他們會教你怎麼面對考試嗎？該如何準備面對考試壓力？當你驚慌發現，自己才寫到一半，但考試時間只剩三分之一時，該如何保持平靜，恢復專注？老師當然不會告訴你該怎麼辦。你得靠著自己學習。硬體已經準備好，但是軟體卻受到忽略。

這就是績效心理學登場的時候了。在本質上，這過程是在評估表現優異者何時心智強壯，何時需要改進，之後練習與執行心智例行程序，成為更好、更堅強的人。我幫助他們的軟體進化，讓他們脖子上、兩耳之間的東西能更堅強、更有復原力、更加自信。

在本書中，我會將自己在從業時所學到的一切，濃縮成為一套清楚的原則與實踐方法，讓任何人都能透過學習，往卓越前進。這是實用的指南，可以幫助你改善軟體，進而在生活中的每個面向發揮潛能。我們要一起學習五項訓練，航向卓越——把這五項訓練想像成作業系統的元件。首先，我們從「目標驅動」開始。你最在乎的事情是什麼？你為何做你現在做的事情？你想為自己設定什麼宏大的目標？

接下來，我們會談到「心態致勝」。或許你聽過正面心態或成長心態，但那是什麼意思？如何達到這樣的心態？

在這之後則要談談「經進歷程」，也就是信賴過程，不要擔心後果。聽起來還是挺不錯，但是……什麼？我們怎麼可能不擔心後果？

接下來是「逆境韌性」。在面對壓力環境時，我們天生的設定是戰、逃或僵住不動，這種直覺幫助人類從遠古以前生存下來，但在今天多數情況卻是效果不彰。該怎麼辦？

再來就是「調節復原」。你和你所做的事不能畫上等號。你的人生中有許多不同層面值得注意，但是要拋接那麼多的球時，不免漏接一兩球。有些事情就是得等。這樣可以嗎？

對於每一項元素，我會討論頂尖人士採用的做法、為什麼這些做法很重要，以及如何讓這些做法發揮功效。我會告訴你如何把這些做法融入生活，如何利用，以發展出更好的表現。我會以我在軍隊、體育界、先遣急救員與企業等領域的菁英合作的經驗，說明這些法則與實際做法。我或許會強調一些研究，因為那些研究能確認我的觀察與經驗。每章會以「刻意進化行動方案」來總結，精準涵蓋那一章所包含的原則重點。

最後，我會提出關於如何練習，以追求卓越的結論。如何把這些法則化為行動？一開始該從何著手？如何克服難免發生的懷疑，以及可能妨礙你的障礙？如何把學習卓越的法則詮釋給團隊成員與同事聽？還有，我很常聽到的問題——如何詮釋給孩子聽？

在這本書中，我會把過去與數千位佼佼者合作的經驗去蕪存菁，以及上萬次的訪談整理成更清晰易懂的指南與架構，內容涵蓋心智表現的所有層面——目標驅動、心態致勝、精進歷程、逆境韌性、調節復原——這麼一來，可以讓你有清楚的概念，知道如何執行每個部分。或許你不是海豹部隊、世界頂尖運動員、急救應變人員，或是企業、醫學、政治領域的領導者。或許你不會尋找夜間雷達，看看哪裡有危機潛伏，或正划水出去，準備在滔天巨浪上衝浪。或許你我都是凡夫俗子，努力做好工作，讓世界有好事發生，同時當個良好的伴侶、家長、孩子、手足與朋友，也不忘樂在其中。這些事情也很重要，事實上可說是最重要。那是你必須有所表現並追求卓越的背後因素。

在開始之前，且讓我先說說撰寫這本書的歷程，以及你為什麼可以信任我，由我帶領你前進。

02 學習何謂卓越

一九九六年，我完成臨床心理學博士的課程後，有幾項實習工作可選擇。有個教授推薦我到美國海軍。有一回，我在美國海軍開放日前去參觀，他們讓我感受到的深度與廣度，實在令我大開眼界。我爺爺曾在第二次世界大戰於瑞士軍隊服役，直到一九五六年，和家人一起移民到美國。我從小就聽他訴說戰爭時的經歷，包括從地面射下德國飛機（在大戰期間，瑞士保持「武裝中立」，不與任何一邊結盟，只有在抵抗入侵時，才會動員軍隊。雖然德國從未入侵，但是飛機經常跨越瑞士邊境。至少有一架飛機沒能返回）。

我的祖父母和家人為了前來美國，拋下許多東西，幾乎身無分文來到這裡。我在成長過程中漸漸明白，我們所擁有的一切全是靠著他們冒著風險，來到這美好的國度，而現在，這裡已是我們的家園。既然有機會擔任海軍軍官，我認為至少可對祖父的從軍經驗與父母的付出致敬，協助表達我們家族對這國度的感激，也能服務己身之外更廣大的對象。不僅如此，這份工作在聖地牙哥，也就是我和妻子安德莉亞在我攻讀博士時就愛上的地方。

一九九六年，我從軍事預備學校（Officer Indoctrination School，簡稱OIS）結業之後，進入海軍擔任上尉，接下來四年，在聖地牙哥海軍醫療中心擔任臨床心理師。我的工作包括為海軍現任成員提供個別與團體心理治療；提供心理治療給焦慮症、憂鬱症與適應障礙症、創傷後壓力症候群、藥物濫用與依賴等患者；為個人提供「適任體檢」（亦即心智上是否適任特定角色？）與「安全許可」（例如潛水艇與武器檢驗）；危機事件壓力轉化、心理診斷評估（人格測驗），以及「緊急觀察」（評估與協助自殺或殺人傾向的軍隊成員）；還有教學。之前提過，這經驗的深度與廣度非常充分。

在任務結束前幾個月，我收到了在西班牙羅塔（Rota）的美國海軍醫院繼續進行臨床工作的邀約。我即將完成四年的軍旅生涯，可以離開海軍，回歸百姓身分。安德莉亞與我有一天晚上去餐廳吃飯，討論這件事。我們有個一歲的女兒，如果留在聖地牙哥，過著我們打造的舒適生活，會是簡單的抉擇。但是安德莉亞提出一個問題：我們想大半輩子拚搏事業，只為了退休後才環遊世界，還是現在就去看看世界？她這麼一說，無疑前去西班牙才是正確的選擇。

我在羅塔繼續臨床工作，還接手一項很棒的差事：與美國航太總署（NASA）的太空梭任務合作，擔任「醫療管理者」（medical regulator），執掌範圍涵蓋大西洋兩岸的登陸地點。在太空梭發射之後，有四分鐘的期限可放棄這項任務，這樣太空梭會重新導向，降落到摩洛哥或西班牙的基地。若發生這種情況，我的工作就是協助太空人，並擔任地面軍官，負責確保任務的神聖性，並在不屬於美國的設施裡安排必要的醫療照護。幸運的是，我服役期間沒有任何太空任務需要放棄，但以我的職責角色來說，我必須了解幾位航太總署的太空人及其主管，並與他們合作。

我在羅塔的三年任期接近尾聲時，想帶家人回到加州故鄉。我已經完成對海軍的義務，可以回歸平民生活，但是二〇〇一年九月十一日，這趟羅塔之旅的中途，美國遭到攻擊。我可不能在那時辭去任務；我從來沒像當時覺得服役這麼重要。我想起祖父在二次大戰期間捍衛瑞士國界。幸運的是，有個不可多得的工作機會可發揮能力與經驗：在海軍SERE學院擔任首席心理師。

壓力的最高等級

SERE的意思是生存（survival）、躲避（evasion）、抵抗（resistance）與逃脫（escape）。如果你是軍隊的一員，要派駐到危機四伏的地方時，SERE的課程會教你很重要的實用技能：如何通過野外環境、建立庇護之處，以及尋找食物，避免遭人俘虜。若遭俘虜，該如何撐過囚禁、剝奪睡眠與其他極端經驗，讓你能生存下來，回到家鄉。

SERE包含的不只是體能訓練。多數人只能想像，要躲避囚禁或經歷囚禁會遭遇到多大的壓力。在這種情況下，人幾乎時時都處於「戰、逃或僵住不動」的狀態，阻礙其清楚思考、有效行動的能力。SERE訓練的目標是幫學生打預防針，對抗此壓力，讓他們略嘗遭虜時在敵後可能面對的挑戰。這麼一來，若發現自己身處此等情況時會更有信心，度過難關。

SERE的學生會被帶到偏遠的荒郊野外，接受各種生存技巧的訓練，然後在某個意外時刻，被看起來像真的壞蛋俘虜；其實這些壞蛋是美軍的人，但是制服、語言、武器與車輛都很像敵方。學生接著會遭受一連串的折磨，很接近現實中囚犯可能碰到的情況。說SERE訓練嚴格可能還太輕描淡寫：學生經歷到的是最高等級的壓力，這是從研究中測量到的皮質醇而定。這些學生絕不會受到任何危險，但身為世上壓力最大的人時，恐怕很難記住這一點。

多數人在新工作上任時，組織會先安排某種形式的訓練，而我接下SERE的職務角色時也不例外。不過，這不是普普通通的入職訓練。雖然我不會被送到某個危險的地點，但是在日後監督的訓練方案之前，我也得先接受一模一樣的訓練。

我和同梯的人在一處偏遠山區，接受了幾天的野外定向與求生訓練。我們學到如何躲避遭囚，但還不熟練：有一天，我們在外頭訓練時，突然被幾個彪形大漢包圍。他們身分不明，但顯然對美國並不友善。他們看起來真的很像壞人，身穿外國制服，說著我從未聽過的語言，開的也非美國車，在我們周圍急煞，發出刺耳的噪音。

接下來幾天，是我這輩子最辛苦的日子。我遭到盤問、剝奪睡眠與種種不適，而我試圖擺脫幻覺，一再告訴自己並未真正身處險境。我提醒自己，以前讀過的研究報告中，越戰戰俘靠著對眼前處境保持正向、維持幽默，最終生存下來。等我回到聖地牙哥的家時，對SERE訓練的嚴格有了新體會，體重也掉了快七公斤。

我的新工作是監督SERE學校課程中心理層面的打造過程，設計新課程，訓練學生如何管理極端壓力及觸發壓力的情境，同時要確保他們的安全。我從二〇〇三年展開這項工作，原本我的角色是以臨床心理師為主，幫助人克服心理上的挑戰，進而痊癒與恢復「正常」，但逐漸變成績效心理師，協助人提升心智能力，發揮最大潛能。

（SERE訓練有點類似一九七一年知名的史丹佛監獄實驗〔Stanford Prison

Experiment〕，由菲利普・金巴多〔Philip Zimbardo〕博士主持。在實驗過程中，金巴多博士的團隊在史丹佛大學校院建立仿監獄，隨機把一組志願學生分成囚犯與守衛。這項實驗僅進行六天就結束〔原本預期進行兩週〕，因為有些守衛已開始虐囚。我的部分工作，就是要確保這種情況不會在SERE發生。後來也很榮幸，能把我們的工作成果與金巴多博士分享。〕

在此同時，績效心理學〔performance psychology〕成為心理學領域的一門新的分支，因此我可說是躬逢其盛。提升績效的重要元素之一是管理壓力，利用你的心智，在精準的時間點控制身體，不讓身體只顧著出擊、逃跑或蜷縮成一團。我在SERE任職時，那所學校正好是壓力反應訓練中心的世界頂尖典範。我親眼看見菁英使用何種方式成功，以及失敗的模式可能為何。

在SERE時，我得到最高機密的安全許可，可直接和準備進行祕密任務，或剛完成祕密任務的人接觸。除了在SERE的責任之外，我也擔任海軍醫療護送團隊首席心理師，與在其他國家遭到拘留之後返回美國的軍事人員合作，因此也能接觸到機密。在這個角色中，我會注意人員的健康與安全，參與情資彙報，協助他們回到家鄉時能重新融入親友。

舉例來說，在二〇〇五年，我有幸負責首席心理師的任務，協助海軍海豹部隊的馬庫斯．盧崔（Marcus Luttrell）回國。馬庫斯在阿富汗的一場戰爭中存活下來，然而其他團隊成員全數陣亡。一名阿富汗村民收容他幾天，直到他獲救。馬庫斯從德國的基地返回美國後，我在德州聖安東尼奧（San Antonio）的基地與他見面，並且花了一個星期，與他及家人在德州的家相處，幫助他逐步適應退役後的生活。馬庫斯把這段經歷寫成《紅翼行動》（*Lone Survivor*），後來還翻拍成電影。

在輔導馬庫斯與其他曾遭囚禁的人之後，我發現人類在極端壓力下可以多麼有復原力。這群遭到囚禁的人背景五花八門，有些人像海豹部隊或SERE校友一樣，受過良好訓練，但有些人可能就只是卡車司機。然而，許多未受過訓練的人卻能安然度過囚禁期間。他們是怎麼撐過來的？正向、有目標。他們想要再見到家人、孩子與所愛的人。他們沒有放棄，因為還有許多事情值得他們活下去。對許多人來說，他們的動機力量，是攸關生存的關鍵所在。

海豹部隊、紅牛、道奇隊與世界盃

二〇〇六年初，美國海軍特種作戰司令部部長、海軍上將約瑟夫·馬奎爾（Joseph Maguire）找我擔任新工作。他問，我有沒有興趣在海軍海豹部隊基本水底爆破訓練（Basic Underwater Demolition/SEAL，簡稱BUD／S）中，擔任第一位心理師？這訓練計畫是為了日後將成為海軍海豹部隊成員，亦即海軍菁英所組成的陸海空三棲特戰隊而設立。我答應了，遂於二〇〇六年九月離開SERE學校，加入BUD／S的行列。

我在BUD／S擔任首席心理師，職掌範圍主要有兩個層次。第一，要建立心理評估機制，辨識在BUD／S中可能成功通過的人選，以及哪些人可能失敗。在當時，BUD／S的失敗率（無法完成訓練的人）是百分之七十五，這樣會讓在後九一一時代海豹部隊快速成長的目標更難達成。我有沒有辦法建立評估系統，在尚未開始訓練時，就先篩選出會失敗的人？

在接下來的十八個月，團隊與我從零開始，擬定心理「復原力」測驗，並結合人選心理特質的資料，遂做出很好的指標，說明誰無法通過這項訓練（精準度超過百分之九十七）。我們在所有ＢＵＤ／Ｓ課程進行測驗，並依照其結果，淘汰將近百分之二十的新進訓練人員。ＢＵＤ／Ｓ的完成率從百分之二十五增加到百分之四十，對這課程來說可是一大成功（身心特質分數不及格而被淘汰的人，並非永久遭拒。他們會得到進步的機會，日後可再申請）。

我為ＢＵＤ／Ｓ研擬的評估，目的不是挑出某個人的缺點。他們都是優秀的人才，心智與身體都非常健全。他們沒有任何錯誤。我們的工作是協助海軍辨識出誰在心智上已做好準備，在極端壓力下能表現出最好的一面。和心理師現有的許多心智評估工具不同，我們的系統不是用來治療人，而是依據某些心理特質來預測表現，而且非常有用。

加入ＢＵＤ／Ｓ時，我的另一項職掌範圍是要發展出心理韌性（mental toughness）課程。我們開發出評估與預測心智表現的工具。那麼，我們可不可以帶領通過這項測驗的學生，訓練他們變得更有復原力？我們可以透過訓練，讓最優秀的人更上層樓嗎？在那之前，ＢＵＤ／Ｓ沒有整理出可供教學的心理韌性課程。他們認為，極端與嚴苛的身體鍛鍊即可達到這目標。當時大家認為，如果你能撐過海豹部隊惡名昭彰的地獄週（Hell Week）——也是BUD／S名副其實的重點，那麼你的心智一定夠堅韌。這只對了一部分。沒錯，學生必須具備心智與身體韌性，才有辦法撐下來，但有沒有更好的方法，了解他們究竟是使用何種心理策略與能力，成功度過極端逆境？能不能把他們訓練得更有韌性？他們的復原力相當出眾，但那是在他們來到BUD／S之前已經學到。我的工作，就是幫助他們鍛鍊。

我先開始探索這個領域找得到的研究。例如二〇〇六年，我的英國同事就進行過種子研究，把受試者拋進冰冷的水中。如果你跳進那麼冷的水中，會發生什麼事？你會自然倒抽一口氣！這種反射是不由自主的，你無法控制。不過，英國人發現，其實你可以控制。他們的訓練過程完全是靠著心智，讓研究參與者延後倒抽一口氣的反射。然後，他們會得到溫暖的毛巾，還有一杯濃濃的茶。[1]

在我任職於BUD／S時，民眾對於海豹部隊與嚴格訓練法的興趣愈來愈高，主要是因為他們在九一一之後，於戰場上展現非凡的功勞。他們可以主導一切。許多電視新聞報導與雜誌都在談論ＢＵＤ／Ｓ，通常照片就是受訓者在聖地牙哥的海灘，做些極端的體能練習（扛超大木材，穿著全套戰鬥裝備，辛苦破浪前進）。

名人開始拜訪ＢＵＤ／Ｓ的設施，包括主要職業運動聯盟的運動員與隊伍。我的本行是績效心理學，而在這裡，每天都有許多世界級菁英急於參訪ＢＵＤ／Ｓ。所以，我向指揮官提出請求。我們很歡迎這些運動員來訪、參觀，看看我們學生的訓練。負責公共關係的軍官一直都在回覆參訪諮詢。但我只有一項請求：他們可不可以在參訪時，坐下來讓我訪談？我想問他們一些問題。例如，他們如何準備即將到來的競賽？他們運用什麼心智練習，傲視群倫，奪得競賽中的龍頭地位？他們在壓力下，會執行何種心智能力與技巧——什麼時間點最重要？這樣大概花一個小時，可以嗎？

指揮官答應我的請求。當他們來參觀ＢＵＤ／Ｓ時，也可以給予回饋。他們都答應了。於是，來造訪的有幾十支職業運動隊伍、美國奧運團隊、蘭斯・阿姆斯壯（Lance Armstrong）、麥可・費爾普斯（Michael Phelps）、老虎・伍茲

（Tiger Woods）……等等，每回有運動員來觀察BUD／S時，我就可以花一小時左右訪談他們。久而久之，我累積了大量世界頂尖者如何運用心智方法的知識。

我把這一點與其他研究整合到海豹部隊心理韌性的課程中。不過，當我與海豹部隊的教官與其他專家組成焦點團體（你應該沒想過竟然有韌性焦點團體！），他們就對這種方法沒有那麼確定。畢竟，他們都是以老派做法培養出心理韌性：撐過地獄週。把這些技巧整理起來有什麼好處？一條一條列給你聽，是要把你寵壞嗎？所以，我們妥協出的做法是：把提升心智表現的技巧，納入BUD／S的課程中，但是在地獄週，不得以績效心理學來放水。學生得靠自己度過壓力，但至少他們可運用在BUD／S學到的心智工具與技巧，來幫助自己。世上第一套經過實證發展，把焦點完全放在心智訓練、達到最佳表現的軍事訓練課程於焉誕生。

我們花了將近三年時間，完整發展BUD／S的心理韌性課程。完成後，我調任為美國西岸部署的所有海豹部隊的首席心理師。我在擔任這項職務時，會幫助海豹部隊強化他們在BUD／S持續實際操練時，所學習到的心智表現技巧。

在BUD／S課程中，我是訓練那些想在畢業後成為海豹部隊成員的學生；但我現在的合作對象則是現役、即將進行戰鬥任務的海豹部隊成員。這些成員的核心能力，是射擊、移動與溝通。這就是他們的表現（通常是在死亡威脅下），而我的工作就是幫助他們表現得更好。他們還在受訓時，就像才剛學心理韌性的字母，一旦畢了業，加入海豹部隊，就要能說出完整的句子。二〇〇九年到二〇一二年，我依然擔任第一海軍特種作戰大隊（Naval Special Warfare Group One）的首席心理師，主要是與海豹一、三、五、七分隊合作。（美國海軍共有八支海豹部隊的分隊。一、三、五、七分隊位於加州的科羅納多〔Coronado〕，就在聖地牙哥旁；二、四、八、十分隊則位於維吉尼亞州維吉尼亞海灘〔Virginia Beach〕的小溪基地〔Little Creek〕。）

二〇一二年，我成為整個海軍特種作戰司令部（Naval Special Warfare Command）的軍隊心理學家，主管整個海豹部隊社群。我擔任這職務直到二〇一六年九月，那時身為指揮官的我從海軍退役，結束二十年的軍旅生涯。軍隊心理師是全球海豹部隊社群的首席心理師，負責心理健康與復原力、表現最佳化、心理評估與篩檢，以及研究政策與決策。今天，海軍相當重視表現訓練的心理層面，認為這是在選拔、訓練與支持人員的重要核心，如此能讓美國更強大。

我尚在海軍服役時，已獲准與紅牛合作。這家運動飲料公司在全球贊助超過八百五十名運動員，涵蓋各種運動領域，從澳式足球、低空跳傘、排球到飛鼠裝滑翔運動都包含在內。我的任務是協助紅牛發展出一套新規畫——「壓力應對訓練」（performing under pressure，簡稱PUP）營。想像一下，這營隊就類似SERE的訓練，但對象換成極限運動員。我們會帶領各領域的菁英選手，讓他們加入五天的課程，體驗過去未曾經歷過的壓力。他們會遇到蛇窩、灰熊。這些練習包括體能挑戰，但也有情感訓練。能夠從懸崖往下跳的運動員，可能不太會怕體能運動，但如果要他們在同事面前上台，請他們分享私密的回憶呢？他們或許不怕死，但是超怕哭泣。

我在壓力應對訓練營擔任首席心理師，幫助數以百計的菁英運動員提高抗壓力，讓他們能抵禦賽場上經常得面對的壓力。當你在山區被灰熊追逐（灰熊已訓練馴化過，但運動員不知道！），爭取世界金牌就算不上什麼大事了。除了壓力應對訓練營之外，我也負責紅牛所有的心智表現方案，包括擔任運動員的績效心理師，協助他們鍛鍊心智競爭力。

二〇一五年，洛杉磯道奇隊聯絡我。他們曾參觀過BUD／S，知道我們做了些什麼，希望我從海軍退役之後去球隊任職。在那次聯絡後，過了一年，我加入這支團隊，擔任全職績效心理師，協助他們建立評估、汰選、培養與強化人才的方案。我和團隊為組織裡的每個球員建立詳細的心智表現評估與課程，從心智與個性的觀點，辨識出每個人的優缺點，好讓他們在上場時能有最佳表現。

會加入道奇隊，一方面是能與超強的球隊與優秀運動員共事，實在是不可多得的機會，更是因為我從小就是狂熱的道奇隊球迷！從一九七五年開始的先發陣容，我大概都講得出來。我剛加入球隊，傳奇球員史蒂夫．賈維（Steve Garvey）、奧勒爾．赫西瑟（Orel Hershiser）、史蒂夫．伊格（Steve Yeager）與湯米．拉索達（Tommy Lasorda）在球員休息室從我面前走過時，我還得捏捏自己，確定這不是在做夢。[2]我和道奇隊球員立即啟動心理課程，類似我在海豹部隊擬定的課程，只不過這次是為了球賽，而不是戰場。

你知道那種在九局下半、滿壘、勝負關鍵時登板的救援投手嗎？這位球員很可能在踏上投手丘之前，還在牛棚旁跟我聊天，讓自己專注在當下、想像成功、排除負面自我對話，並練習呼吸調節。或者那個選秀前媒體曾大肆報導過，後來卻進入小聯盟的熱門新秀？我很可能在選秀之前就與他面談過，並整理出他完整的人格特質檔案。能與道奇隊這麼優秀的組織共事，實在三生有幸：有無與倫比的球團主人，以及富有遠見的球團營運總裁（安德魯・佛里曼〔Andrew Friedman〕），他推動創新、發展、以數據為本的決策與團隊精神。我會說，這些事情加總起來，搭配選秀之前的性格評估、心智表現發展與改善計畫，交出了很漂亮的成績單。在我任職於道奇隊時，球隊在大聯盟賽季有最多勝場，在國家聯盟奪冠三次（上一次是一九八八年），並在二〇二〇年摘下世界大賽總冠軍。我最美好的回憶，是世界大賽獲勝時，球員與球團成員把香檳淋在我身上，並接受冠軍戒指。

我也在美國國家女子足球隊擔任過類似角色。教練吉兒・伊利斯（Jill Ellis）在二〇一九年國際足總女子世界盃之前打電話給我，問我能否協助球隊強化心理能力，管理在維持排名時所承受的高壓。我參加團隊訓練營，與所有球員和教練共處，還會每週與其中幾位球員見面。梅根·拉皮諾（Megan Rapinoe）、卡莉·勞埃德（Carli Lloyd）、亞莉克絲·摩根（Alex Morgan）與團隊在那年抱著獎盃離開法國時，我感到驕傲又開心。

如何轉念？

我也很榮幸與幾十位奧運健將合作，包括代表四個國家的四名運動員，在二〇二二年北京冬奧共抱回八面獎牌（四面金牌、三面銀牌與一面銅牌）。其中最卓越的個案可能是花式滑冰運動員陳巍。他出生於猶他州鹽湖城，從小就想一圓奧運之夢：二〇〇二年，年幼的他在家鄉看到冬奧賽事時，點燃對滑冰的興趣。自此之後，他幾乎橫掃千軍，鮮少例外。在早期，他的教練是母親。他一路過關斬將，通過各級比賽，並督促自己學習愈來愈難的跳躍與動作，臻至完美。陳巍對於運動的投入、努力與才能，帶來傲人的進展。

二〇一八年，陳巍在獲得兩屆美國金牌後，於南韓平昌冬奧登場。當時的他可是當紅炸子雞，媒體大量炒作，但壓力也尾隨而至。在比賽的第一個部分短曲項目時，他的失常表現令眾人頗感訝異。在短短不到三分鐘內，陳巍幾個動作嚴重失誤，排名掉到第十七，從奪冠大熱門變成了失敗者。幾天後，壓力沒了，他成績在長曲項目中一飛沖天，創下冬奧史上最高分紀錄，最後排名衝上第五，對於出師不利的他來說，這成績還不錯，但依舊令大眾失望。

陳巍擺脫陰霾，贏得二〇一八與二〇一九年世界錦標賽金牌。但奧運是眾人每四年關注一次的運動，兩場勝利並無法抹除奧運帶來的失望。陳巍決定再試一次，把目標放在奧運金牌。他說，「我得找個心智教練，教我一些心理技巧，讓我在比賽時能處於最佳狀態。」他是頂尖滑冰選手，但需要有正確的心智方法，才能得到心心念念的獎項：奧運金牌。

我們在二〇二一年六月相會，開始運用鍛鍊法，例如視覺化（visualization，在腦中進行預演練習）、自我對話、心態與樂趣。其中最重要的應屬樂趣，因為在二〇一八年，陳巍感受不到任何樂趣。「我甚至不記得曾到那邊去，」他提到平昌奧運時這樣說，「我不記得升旗、不記得餐廳……我花很多時間投入其中，但並不享受，而是一直在受傷。一般來說，我在滑冰時就是專注當下，彷彿能清楚感受到周遭的色彩與輪廓。但二〇一八年，我好像不在那裡。」

陳巍與我聊了許多他為何滑冰、為何熱愛這項運動，還有參與最高級的賽事。他小時候喜歡滑冰的哪個方面？樂趣！他必須重拾那份樂趣，並在最關鍵的時刻提醒自己。所以他「學會培養感恩的心態」，陳巍說。「我愈是把這些話說出口，就愈能樂在其中。有時候，我強迫自己說出來——我很感激能在這裡！——即使當下的感受並非如此。跟自己這樣說，能幫我想起滑冰的快樂，以及我曾擁有的愉快時光。」

那幾個月，我們常討論這個做法，直到二〇二二年的北京冬奧到來。當時，在短曲比賽前的幾個小時，我收到來自陳巍的訊息。我有兩個不同動作老是犯錯。我該如何在重要時刻，建立心態來操作？此外，很多裁判與媒體都來了，我覺得自己開始分心，受到批評時就無法享受。該如何轉念呢？

雖然比賽近在眼前，收到這種簡訊的確讓我擔心，但也覺得受到鼓勵。短短短幾年前，陳巍認為滑冰只是純粹的體能運動。練習動作、正確完成，就勝券在握。但現在，他提出的問題顯示，他明白要有心智敏捷度（mental agility），才能把困難的動作做對，而不是在冰上練久一點就行。至於看到評審與媒體出現時，他所感受到的緊張不安怎麼辦？這也是心理挑戰，不是體能問題。我讀著簡訊，那是來自距離我聖地牙哥的家鄉半個地球遠的地方，陳巍明明已知道答案，只是想聽我說出口而已。

我透過簡訊提醒他回顧上場表演的過程，特別是困難的動作：盡可能運用各種感官，想像這些動作成功完成的樣子。你的大腦會把那些成功連結起來。

那些討厭的評審和媒體怎麼辦？我告訴他，那些人只是你生命經驗中的過客。告訴自己，他們和那些在高處座位上看你練習的人沒有什麼差異。重要的是你的經驗，而不是他們的敘述。你還是孩子時，就熱愛滑冰，彷彿生來就是要滑冰。做自己就好。這經驗只屬於你自己。

記住，情感是會傳染的。我提出結論。你的身體會追隨你的情感。建立有趣、興奮、快樂的情感……就像充滿活力，輕鬆快樂的練習。身體會追隨你的情感。

好，很有幫助。十分感謝！陳巍回應，之後就再沒收到他的訊息。我的建議有效嗎？我打開電視，觀看比賽時，多少有了頭緒。攝影鏡頭帶到陳巍在選手暖身區。就和許多滑冰選手一樣，他將自己出賽的情況視覺化，閉著眼睛，戴著耳機，身體模擬幾個即將在冰上做出的動作。我已見過這畫面好幾次，但這次有點不同。陳巍臉上掛著笑容。不是很明顯的大笑，但有幾次，他就像在自己的世界移動，並碰上會讓他微笑的事情。

後來，我問起他為什麼笑，他這樣回答：「我認為這很自然。我刻意讓自己感覺到樂趣。我告訴自己，我受的訓練就是為了樂趣。無論結果如何，我想要這次機會。」

天啊，他辦到了。一個華裔美國男子，在母親祖國的城市滑冰，面對全球幾十億人的眼光，有嚴格的新冠肺炎規定，還有極具挑戰性的曲目。他耗費四年時間，抹除三分鐘滑冰失敗的記憶，展現出絕佳的實力，毫無懸念的抱回金牌。事實上，除了工作上遇見與親眼目睹採取行動的軍隊成員及先遣急救員，陳巍的短曲演出，就算不是我見過人類最卓越的表現，也絕對稱得上數一數二。陳巍是傑出的運動員、傑出的人，有過人的智慧，無比謙卑，非常講究職業道德，有堅定的價值觀。無論是否在滑冰場上，他在人生中所達到的成就，都是那些特質的直接成果。我只是引導他發現這些心智表現的技巧，這是展現自己的卓越時所不可或缺的。他完全靠著自己實現那些技巧。

在我們合作期間，陳巍學到了幾項心智表現技巧，且發揮得淋漓盡致：視覺化訓練、細膩的心態準備、正向自我對話、只專注自己可掌控的事。但蘊藏在這些技巧中的基本原則，則是樂趣及與其密切相關的——目標。我們為什麼要表現？沒錯，成果很重要：獎盃、獎牌、薪水與獎金。但真正激勵我們的則是內在。意義、目標與喜悅，不會與裁判、排名與其他事情有緊密關聯。那是放在我們內心，是屬於直覺的。要獲得奧運金牌，陳巍得忘記奧運金牌，而去記住樂趣。

怎麼做？「在北京時，我和最親密的三位隊友同處一室。我帶了吉他，會彈一小時的吉他，渾然不知時間流逝。我真的很喜歡彈吉他，很樂在其中！」於是他贏了。

說了夠多關於我的資訊，接下來該進入正題。你準備好追求卓越了嗎？

03

目標驅動

我會先想到，我是人，接下來才是懸崖跳水運動員。這是我職業生涯中，第一次超越聲譽的束縛。

——大衛．柯特里（David Colturi），懸崖跳水運動員

大衛．柯特里原本擔心自己的聲譽。對於一個以懸崖跳水為業的人來說，這樣有點麻煩。沒錯，確實有懸崖跳水這門職業。紅牛每年會安排「全球系列賽」（World Series），在世界各地舉辦好幾場賽事。跳水選手會從小小的平台上往

下跳，而平台通常是蓋在懸崖上，偶爾搭在橋梁或建築物上，高度大約二十七公尺，落入水面的時速在八十公里以上。大衛在跳水時，除了聲譽之外，還有很多事要擔心。

「你在二十七公尺、大約八層樓高的地方，」大衛描述他的經驗，「踏上邊緣，往下一看，會看到潛水救生員，他們一點一點的，好像水上的螞蟻。」讀到大衛的描述，任何有懼高症（或神智清醒）的人大概都會心生恐慌。你感覺到你在恐懼，大衛也能感覺到自己在恐懼。「我自然原始的恐慌直覺，就在這個時候介入。那就是戰或逃反應。恐懼是必要的，重點不在於不要恐懼，而是掌控恐懼。」

大衛在俄亥俄州長大，曾積極參與許多運動，高中時全力投入跳板與跳台跳水（跳板設在水面上方三公尺，跳台則可達到十公尺）。大衛在十公尺跳台賽事中表現優異，曾在二〇〇九年獲得美國男子跳水錦標賽的個人與雙人組金牌。那時，他開始從更高的地方跳水；他暑假在某樂園的水上表演秀打工，從二十公尺高的跳台往下跳！後來他進入普渡大學，修習醫學院預備課程，計劃以後上醫學院，進一步鑽研自己的興趣，研究人體的表現極限。但後來，他決定親身體驗極限，而不是學術研究。他透過懸崖跳水這個項目，在二〇一二年獲得紅牛全球系列賽的資格，創下最年輕的跳水選手紀錄。

在這過程中，大衛的教練介紹許多心理技巧給他，例如心態、視覺化，以及區隔化（compartmentalization），但這些課程他其實沒真正學到什麼。「我很情緒化，」大衛回憶道，「很在乎他人的看法，沒辦法擺脫所有令我分心的事情與噪音。所以教練教我的這些方法，我就是學不會。」

大衛和我最初是在二〇一六年四月開始合作。當時，他能善用策略，懂得利用教練教導的心智技巧，例如視覺化。不過，他太注重聲譽，導致情緒往往變成絆腳石。我剛開始評估時，發現他的情緒控制較差、較多負面自我對話，自動化（automaticity）的分數也低（指信任自己受到的訓練，在執行時能夠「自動導航」）。自動化分數低的人，往往會對即將執行的事情想太多，可能會導致行動癱瘓（action paralysis）、焦慮與自我懷疑。當你要從二十七公尺高的懸崖跳下水時，這種情況最好別發生。要行動時，最好心無雜念，信賴自己受過的訓練。

二〇一八年夏天，大衛到瑞士琉森湖（Lake Lucerne）畔的村莊錫西孔

（Sisikon）參賽。為了協助推廣賽事，他同意進行「跳水預演宣傳」，跳水選手會提前來到活動場地，表演特技跳水，吸引觀眾興趣。大衛這次的特技表演，是從一個懸掛在滑翔傘上的小跳台往下跳，因為對他來說，從懸崖往下跳根本不夠看。大衛和滑翔傘員從附近的山丘出發，飛到湖面高空之處，到了合適的定點後，大衛就會從平台往下跳。

第一次試跳不算理想。為了要讓攝影畫面好看，大衛與滑翔傘員決定再試一次。「第二次嘗試時，」大衛說，「我們緩緩來到超高處。我站起來，準備往下跳。我覺得我們好像太高了，而往下跳時，發現果然如此。我想，我們大約在三十五公尺的地方。就在快碰到水面時（我差點腹部先落水）我轉個身，由身側來吸收衝擊。我差點失去意識。我們考慮過取消計畫，但我就是固執，想漂漂亮亮完成這項任務。」

所以，他們又繼續嘗試，在第三、第四跳時，總算漂亮完成任務。從網路上的影片，可看到大衛執行乾淨俐落的翻騰，腳先切入水，然後浮出水面，臉上掛著燦爛笑容，向大家揮揮手。但幾個小時後，他癱倒在地。原來他第二跳切入水面時所受到的撞擊，導致脾臟嚴重裂傷。他被火速送入醫院，緊急進行脾臟切除術，保住性命。

隔天，大衛從加護病房醒來，外科醫生告訴他，他能活下來算是幸運。祖母打電話來問：「你一定完成這次懸崖跳水了，對吧？」這時大衛明白，他決心再度跳水，他會更強壯、更優秀的回歸賽場。這次讓祖母期盼落空，他感到很失望，但也打起精神，努力復健。

雖然這次在瑞士的意外，稱不上讓大衛徹底領悟，但也算是一次機會，讓他完全投入於幾年前展開的心智表現練習。他的主要挑戰在於：從重視聲譽轉變成重視自我認同。要做到這一點，他得先弄清楚他內在的自我是什麼。

你是誰？

這問題很單純，對吧？你可能會回答自己的名字；如果是成年人，你或許會說自己的職業，如果你是學生，則可能說在哪所學校上幾年級。你可能加上一兩項細節，說明家在哪裡，是已婚或單身，或許還會說喜歡別人怎麼稱呼你。不過這都不是真正的你。人類太複雜了，沒辦法以簡單的問題與答案來說明。你不是你的姓名、職業、學校、家鄉或性別。那些都是你的一部分，但不能定義你。你是一套情感、思維、經驗、知識、智慧與價值觀的具體展現，遠遠超過一個「你是誰」的答案。

要追求卓越，得先從發展出對自我的深刻理解開始：我們如何行動、為何那樣行動，以及受到什麼驅動。正因如此，如果有人找上我，希望提升他們的表現，我會先請對方擬定個人信念（personal credo），當作邁向卓越表現時不可或缺的基礎。這是一段簡短的陳述，包含十個定義其自我認同的字詞。這些「身分標記」構成核心，你所在乎、喜愛、展現與為什麼而活的核心。首先，我們會提出幾項有力的問題。第一個問題，是菁英人士要學會「不」問自己的問題：別人對你有何看法？

這個問題會讓你心跳加速，不是嗎？或許還會引發些許焦慮。你或許回答說：「我希望他們認為……」接下來會講一連串正面用詞，在你的理想世界裡，你希望人們這樣描述你。接著，你會嘆口氣說：「但他們或許認為……」接下來會使用一些不那麼正面的詞，這是他人在現實世界中描述的你。你希望別人想到你時是正面評價，卻又擔心他們並非如此看待你。

事實上，你不只是擔心而已。如果你和大多數人一樣，則你花在憂慮別人怎麼看你（聲譽）的時間，會遠超過專注在自己的價值觀、動機和目標（自我認同）上的時間。這就是頂尖人士會碰到的問題：在我的經驗中，在乎聲譽的人——同僚、合作夥伴、社群媒體、比賽、利害關係人——表現反而不那麼好。不過，只要努力將注意力從名聲轉向自我認同，就會改善。

我們在聲譽與自我認同這兩塊之間的位置會隨時間改變。小時候，我們完全以自我認同為核心。我們會玩耍、奔跑、跳舞或甚至鬧脾氣，各種行為都不會受到別人看法的影響。這並不是說小孩子很自私。事實上，仁慈與慷慨常是小孩子自我認同的一部分，只是他們不太會在乎別人的想法。但很快的，就會開始在意了。我們不再隨心所欲玩耍、奔跑、跳舞（大部分人都是如此），反而開始關注起聲譽。等到十幾歲時，滿腦子都是聲譽，且會因為社群媒體而強化。總有人不斷告訴我們、指示我們何謂成功、快樂看起來是什麼樣子，而不是從自己內心獲得這些洞見。那不是我們在乎的事，而是「別人」在乎的。這可能導致表現焦慮（performance anxiety）：信心下降、抱負減弱，腦海裡不斷有揮之不去的囉唆聲音。

在乎聲譽是外在動機的激勵因素，能從外在的事物衍生出益處，而內在動機激勵因素則是來自內心。有研究證據顯示，內在動機比外在動機更具力量，這表示，如果深入挖掘像自我認同這樣的內在動機，就能排除外在動機對聲譽的追求。當然，事情複雜得多，不是只有內在動機優於外在動機、自我認同勝過聲譽這麼簡單，但我從經驗中清楚得知，如果放任不管，那麼聲譽焦慮可能耗損這些人，即使你自認不受聲譽控制。

彼特・納夏克（Pete Naschak）曾擔任海豹部隊隊員二十一年，後晉升為海豹部隊第五分隊的指揮士官長（command master chief），在伊拉克戰爭時，負責部署五百名海豹部隊成員、海軍人員與士兵（指揮士官長是該部隊中最高階的士官領導，擔任指揮官的首席顧問，是資深訓練與策略專家，也負責士官與其家屬之間的聯繫）。如今彼特還記得，他對聲譽的顧慮，對他在部隊早期生涯造成多大的妨礙。「在訓練時，我有時會比較專注在不要犯錯，也在想別人如何看待。我不希望搞砸事情，影響我的聲譽。」

幸而，只要你決定忠於自己的內在，好聲譽就會自動出現。我一再看見這情況上演。表現強勁的人如果開始看線上評論，或迎合觀眾與同事的期待，情況就會惡化。只要學著忽視聲譽，擁抱內在自我，成果就會變好，人也會更快樂。其中的祕訣，就在把對聲譽的關注，轉化為對自我認同的提升。對自己真誠，好事就會跟著來。這需要比他人有更深刻的自我理解。雖然要培養並不困難，但確實需要時間。

個人信念既是基礎，也是過程，讓你把焦點從聲譽重新調整到自我認同。發展個人信念是無法速成的；如果你想了一個小時，就覺得知道個人信念是什麼，那恐怕需要再三思。一旦你開始起草自己的信念，應該是會花上幾個星期，留意這些事情能不能為你帶來活力、喜悅、動機與振奮。最能描述你核心的特質或特性是什麼？注意你在乎什麼，同時速速寫下一兩個字，描述你感覺到的情感裡有什麼核心價值。這可能會是大事一樁，也可能是雞毛蒜皮。如果好好吃頓飯讓你很開心，花點時間想想為什麼。當然，可能是餐點美味，但可能還有更深刻的意義蘊含其中。

在這個過程中，盡量讓範圍更廣一些；你之後可從這份清單擷取精華，所以一開始寫得漫無邊際點沒關係。托比・米勒（Toby Miller）是職業單板滑雪運動員，我們曾合作過，他說：「我們最初討論要建立起個人信念時，我想，簡單啦，我知道自己是誰。但是動筆的那一刻，我赫然發現連十個詞都寫不出來。我想到的全都和單板滑雪有關。我知道自己身為兄弟、男友與兒子。最大的收穫是，我是個運動員，不光是單板滑雪者，這樣讓我找到新的熱情所在。」（托比在說這件事時，也不過二十二歲。）他最後列出下列信念：積極、善於支持、懂得感激、好奇、愛冒險、正向、精準、謙虛、有條理。

列出自我認同的標記之後，下一步就是把它整合成十個詞，少一點也可以。雖然這個數字有點武斷，但把清單去蕪存菁的過程本身就很珍貴，可以讓你更懂得列出優先順序，更深度思考。為什麼這是我的價值觀呢？這些標記當中，哪一個對我來說最好？哪些是我想加倍投入，甚至三倍投入的呢？什麼最讓我振奮？

當你在擬定清單時，不妨問問幾個與你親近的人，寫下他們認為你的個人信念是什麼。他們認為你重視什麼？他們不用花幾個星期做這件事，只要半個小時到一小時安靜思考就夠了。請他們與你分享清單，看看有沒有重複之處，或是冒出什麼新東西。我和妻子以及幾個朋友這樣做的時候，他們都提到，我不會自滿、甘於現狀：我不會原地踏步！我的清單也寫了這一項，但是他們還提到我的幽默感，這我倒是沒有納入。

在這整個過程中，要對自己誠實。我曾看過個案起初列出的項目是「不計代價都要贏」、「成為億萬富翁」、「不安」與「不滿足」之類的，這些事情他們可能覺得不好意思廣泛分享。這也無妨；這項練習的重點在於照照鏡子，分辨出自己的模樣。在某些情況下（例如「成為億萬富翁」），你可以進一步挖掘底下的價值觀。其他用詞也行：有個客戶曾說自己的核心本質是「不安」與「不滿足」，他們可以把這些價值觀當作前進的燃料，讓自己更好。這樣的自我探索能幫助你更知道自己是什麼樣的人。此外，你的價值觀並非刻在石頭上；隨著年齡增長與人生變化，價值觀也會改變。

在大衛發生意外之後，我把擬定個人信念的任務交給他。於是他自問，在他的葬禮時，人們會說些什麼，以及他希望別人說些什麼，以此來判斷他留給大家的遺澤。那是他引以為傲的事嗎？這花了點時間，而且沒有特殊的「頓悟時刻」（aha moment）。漸漸的，更完整的自畫像浮現了，這些文字不僅代表他的信念，也成為他自我認同的基石：無私、紀律、恆毅力、正念、堅忍、做事精準、有個性、勇敢、懂得生之意義（ikigai）、與時俱進。

大約在發生意外的同時，大衛也失去紅牛的贊助。這不僅是財務上的打擊，也衝擊了他的自我認同。「我必須明白，我不僅僅是大衛・柯特里、紅牛懸崖跳水選手。除了那些事之外，我依然是有價值的好人。」過了幾個星期、又過了幾個月，大衛愈來愈泰然自若，他心平氣和。「我會先想到，我是人，接下來才是懸崖跳水運動員。這是我職業生涯中，第一次超越聲譽的束縛。」

他更進一步思考自己喜歡什麼、不喜歡什麼，並迴避那些不喜歡的事。聽起來很簡單，對吧？我喜歡吃冰淇淋，所以我就吃；我不喜歡吃青江菜，所以迴避青江菜。但如果是朋友的朋友邀你參加派對，而你和這人其實不熟呢？你不想去，但你「應該」要去；若不去，別人會怎麼想？大衛曾多次碰過這情況，但不再擔心別人的想法之後，就更常回絕。現在，他依照真實的自我行事，而非聲譽。

這一切得來不易。「不在乎自己的聲譽與他人的看法，實在是超乎常人的行為，」大衛說，「這次瀕死經驗給了我全新的觀點。我有更深刻的決心、更多恆毅力。我得花更多力氣，了解自己的特質。我學著不再把精力專注在錯誤的事情上，如此著實改變了我的人生。」這次意外是個催化劑，大衛把握這個機會去剖析、探索與鍛鍊心智途徑。他變成很能傳達善意的人，自我紀律令人佩服；平靜、平衡、有自己的內在核心。他的自動化大幅提高；他回歸到二十七公尺高的懸崖頂端，不再想那麼多，跳水成果更臻完美。

我三不五時就提到我自己的個人信念，不必多想，就能背誦：好奇、求知若渴、保持謙虛、保持連結、忠誠、傾聽、大笑。我以信念來引導人生中的每個重大決定，我也會請諮商的個案做一樣的事。

布連恩·范斯（Blaine Vess）是個企業家與投資人，我在二〇二〇年開始輔導他。一九九九年，他與一位友人共同創辦「學生牌」（Student Brands）公司。當時，范斯是大學新鮮人，創辦這家公司是為了在網路上分享課程筆記與研究。他父母告訴過他，人生未必只有樂趣，但他和同事從大學畢業，一起搬到洛杉磯的一間房子之後，事實上，他們快樂得很。他們也很努力工作，度過了許多起起伏伏，最後，在二〇一七年，把公司賣給邦諾教育公司（Barnes & Noble Education）。

范斯與我合作，例如設定目標與區隔化，但對他來說，最重要的是發展出自我信念（自由、耐心、自動化、樂趣、進取心、成長心態、回饋、自我覺察、社群、謙虛）的過程。「我的信念很龐大，」他說，「在所有的特質中，最突出的就是樂趣。我做任何事，都會催促自己要有很高遠的目標，但之後又會認為應該放慢腳步，記得要有樂趣。」現在，他在投資幾十家新創公司時，都以這信念當作策略。

泰德．布朗（Ted Brown）是另一個好例子。他是諾德保險經紀公司（Lockton Denver）的合夥人與區域總裁，這是一家風險管理與員工福利保險公司。泰德的職稱很亮眼，但更令人佩服的是，他是公司裡頂尖的業務高手，與眾多企業客戶建立起珍貴的關係。在他的領域當中，泰德的績效傲視群倫。即使有這麼亮眼的職稱，泰德告訴我，他還是喜愛「出門找新生意」。

我是二〇一八年開始和泰德合作，當時他已功成名就。他負責的保險業領域競爭極為激烈，比多數工作更重視聲譽。公司企業將自身風險與曝險交到你手上，必定是信賴你，且在個人層次上也深深相信你。即使是在很注重聲譽的環境，泰德還是盡量不去擔心。他和我努力把對於聲譽的專注轉移到自我認同上。

經過數月的反覆琢磨，泰德擬定他的信念宣言：家庭、恆毅力、僕人式領導、團隊、真誠、競爭、犧牲、績效與愛。這些身分認同標記成為他日常生活的焦點，他也會透過這層透鏡來看待一切，在公司與在家都是如此。如此一來，他交出漂亮的成績單。諾德保險經紀公司的平均年複合成長率為百分之十二，在我們合作之後，泰德達到百分之三十六。「我終於把焦點放在對我真正重要的事情，不再擔心聲譽。」泰德回憶道。他哈哈大笑說：「說不定我現在的聲譽比以前都好！」

以構思良好的價值觀信念做為支柱，不僅可當作心智表現的實踐基礎：對人生也可能很關鍵。安迪・沃許（Andy Walshe）曾花了將近九年時間，在紅牛主導高績效方案，與數以百計的菁英運動員和藝術家合作。他發現一個有趣的現象，恰好反映出一個人的個人信念對表現多重要：「你需要在人生中尋找意義與目的，才能邁向卓越。」他解釋。「如果你的人生就只是為了當世界最棒的人，那麼當你成為世界第一之後，就會茫然。如果『你』就是你所做的事，那你可能會讓自己踏上有害的道路。總有一天，你就不會是第一。表現卓越的人固然優秀非凡，但是對大多數人來說，那只是人生的一個階段。你不可能永遠都處於顛峰狀態。我們想要他們得第一，但同時，也想幫助他們面對接下來會發生的事。要做到這一點，是透過找回其他人性價值的連結，打造出更美好的你：是個人、是個隊友、是群體的一分子。」

你的信念會反映與彙整出你是什麼樣的人。打造與解讀你的信念，有助於建立起沃許所說的連結。這很有力量，因為了解自己、表現自己能帶來活力。你可以仰賴自我認同，卻無法仰賴聲譽。

你的目標是什麼？

卡莉．勞埃德九歲時就列出一張清單。她那時要前往足球營，而她很認真的在筆記本上寫下這張清單；多年後，卡莉長大了，在閣樓裡的箱子中找到這份清單，裡頭還寫著她想在營隊學到什麼。這不是奇怪的偶發事件；事實恰恰相反。小卡莉是個清單女王，表上寫著她長大後想要富有、名聞遐邇、速度飛快。這清單上並未納入成為美國女子足球隊的主將，獲得兩屆世界盃足球賽冠軍（二〇一五年、二〇一九年）、兩屆奧運金牌（二〇〇八年、二〇一二年）、國際足總年度最佳球員（二〇一五年、二〇一六年）的名號。如果可以的話，她會把每一項都打勾。

如果說，卡莉的非凡成就是來自於建立清單，或許過度誇張，但是，「設定目標並寫下來，是我達到今天成就中很重要的一部分。」她說。「這過程未曾改變過。我還是會寫下整體目標——我想學這些技術、想在練習時達成目標。」而且這些目標不光是和足球有關。「我也會寫下人生目標。」比如呢？「我想造訪的國家、書中的引言與摘文。還有我想學的事……總有事情可學。」

建立目標是個好的開始，但在設定目標的過程中還有三個額外步驟，以提升成功率：

- 寫下來
- 公開承諾（與他人分享）
- 建立責任計畫

寫下來是一大步。而把計畫整理出來，責任就會立刻出現。現在目標已具體存在，你得去實現。把目標告訴其他人，例如親友與同事，這樣責任就會更重大一些。一旦告訴別人你要做某件事，就要說話算話，讓這件事成真。設定完成目標的計畫並追蹤進度，是盡人皆知的常識，然而二〇一五年，心理學家蓋兒．馬修斯（Gail Matthews）還是為此主導了一項研究，證實了目標設定的層級效果：只想著目標的人，達成率（或進展順利的人）為百分之四十三；而寫下目標的人，一舉躍升到百分之六十二；至於會與朋友分享目標與經常更新進度的人，則高達百分之七十六。

（一九五三年，耶魯大學對研究生進行過一項知名研究，發現只有百分之三的人在畢業時會寫下目標。二十年後，這百分之三的人所累積的財富，超過剩下那百分之九十七的總和。在心理學研究所的課程中，多年來都會提到這項研究，我上的課也不例外，會以這個例子說明設定目標的力量。遺憾的是，一九九六年，美國商業月刊《快公司》〔*Fast Company*〕有篇文章探索這項研究，結論是這項耶魯大學的知名研究根本不存在。這篇研究固然知名，卻只是個傳說。但是馬修斯受到了啟發，自己進行研究，證實此耶魯傳說的許多發現——除了財富的部分以外！）

建立自我信念有助於穩定頂尖人士的心緒，而設定與寫下目標，有助於他們邁向卓越。我會讓個案寫下生活中六個方面的目標：工作、關係、健康、靈性、嗜好與傳承。我給的提示是：從現在起的一個月、三個月與六個月，你希望在每個領域有哪些事情成真？

目標要設定得明確不模糊，容易理解、容易衡量。海豹部隊在設定目標時，會採用SMART架構：意思是，設定得好的目標應該要明確（specific）、可衡量（measurable，達成目標時你會知道）、可達成（achievable，對你來說這目標是可行的）、有意義（relevant，有重要性）、有時限（timebound，能在明確的期間達到）。所以，「我要身材變好」不是SMART的目標，但是「十二月之前，我要能在一小時內慢跑十公里，這樣才能在冬天參加籃球聯盟」，就符合SMART的標準。

過程導向的目標至少和成果導向的目標一樣珍貴、一樣有效。要有展現雄心壯志的目標固然沒問題，但是在設定成果導向的目標時（「在三十五歲之前成為副總裁」，或是「在四小時內跑完馬拉松」），不妨也建立以過程為導向的目標（「每天花一小時研究商業」，或者「長短跑輪替，並且每週進行重量訓練」）。業餘者會把結果當成目標，專業者則著重過程（第五章會更詳盡說明）。

就像設定個人信念，為生活的六個層面提出有意義的目標，也該是深思熟慮、可以重複的過程。可別草草寫下什麼在哪個星期二於下班前畫掉最後一項代辦事項就算了。別急，寫下之後，放一段時間，再回頭看。

記住，最容易達成的目標是內在的，而不是外在。人們達到目標的動機若是依據自己的價值觀（內在），會比來自他人的想法（外在）強大得多。目標並不是在 YouTube 影片或 Instagram 貼文上獲得大量的按讚數；目標是當你在製作這影片或貼圖時所做的事情，讓你覺得很享受（我知道，很瘋）。九歲的卡莉把目標放在到足球營學會特定動作，並不是因為有誰叫她這樣做，或因為她認為隊友會佩服她；她設定這個目標，是因為**她**想要這樣。

為了確保目標的內在性，問問自己為什麼這是目標。如果目標是減重四、五公斤，為什麼？是因為有人說你身材不好（外在），或是因為你想變得更舒服、更健康（內在）？在建立每個目標時，都要思索為什麼這個目標很重要。這簡單的詢問，會讓目標有意義得多。

據聞，愛迪生曾說：「要提出一個好構想，先提出大量的點子再說。」（也有人說，這段話來自於諾貝爾獎得主萊納斯．鮑林〔Linus Pauling〕，他可能也說過：「如果想讓人引用你的金玉良言，就說一段和愛迪生一樣的話。」）不過，這情況無法適用於目標。設定幾個好的目標，遠比設定一堆中庸的目標要好。先從一個區塊設一個目標開始。你隨時都可以增加，記得讓事情保持單純，確保自己的資源能更加集中。然而，要達成這目標，不該只像按電燈開關那麼簡單（就像愛迪生的點子那麼簡單）。卓越可不是輕鬆就能得到。好的目標應該要講究實際，但也要具有挑戰性。

就我的經驗來說，最難設定的目標是在生活中的精神層面。每當我提到靈性時，大家會馬上想到宗教。如果沒有宗教信仰就提不出目標（有時候，連有宗教信仰的人也是）。但靈性不只是宗教，或更接近你信仰的神或教義；重點在於，碰觸到你的人性。有人性、有感受是什麼意思？你除了身體的存在之外，還有些什麼？老兄啊，這還真是大哉問！你可以選擇上帝與宗教做為部分的答案與目標，例如虔誠參與宗教禮拜，但靈性的目標也包括冥想、正念或瑜伽（也就是倒立時冥想與保持正念）。靈性就蘊藏在這些活動中。

給自己一點空間，詢問與反思自己的靈性，這個行為本身就可以是目標。許多和我合作過的佼佼者是初生之犢，年輕無畏，從來沒花時間真正探索自己的人性與靈性。許多人會把冥想與「更活在當下」做為目標，這樣也可以，但別忘了問問為什麼。如果是因為許多人把這當作目標，所以你也有樣學樣，那還是從頭開始吧！

職業單板滑雪運動員托比・米勒在談到如何設定目標時，聽起來與卡莉的做法相呼應。他說，「我小時候，會把想學的招式全部寫下來。不久前，我找到自己在十歲時寫下的清單！這過程沒有變過。我還是會寫下整體目標，也就是我想學的技法。每一次營隊我都有明確的目標。我會寫下來，並帶著這張清單。如果我某天過得不順，就會運用這些目標，讓這天雨過天青。總有某種東西是我可以學習的。」

你的核心動力是什麼？

二〇〇九年三月，紐約洋基隊邀請我到球隊於佛羅里達州坦帕的春訓營，向球員、教練與職員演講，談談表現頂尖的菁英的心理特質與心智訓練方法。大約過了一個星期，我在賽前的一兩個小時，走進洋基球員休息室，感到驚訝不已，因為我不光是看見現役球員（包括巨星德瑞克・基特〔Derek Jeter〕與艾力士・羅德里奎茲〔Alex Rodriguez〕），還有許多以前洋基隊的知名球星，例如瑞吉・傑克森（Reggie Jackson）、古斯・高薩吉（Goose Gossage）、尤吉・貝拉（Yogi Berra）。我從小就是棒球迷，因此知道身邊都是棒球界的王者。我開始演講，覺得有點緊張。那時，我和團隊開發出第一套供海豹部隊使用的心理韌性課程已經幾年了，因此那天我講的就是這個題目。

我完成演講，收拾東西，準備離開，球員也準備出賽。這時，尤吉・貝拉跟著我過來。「博士，講得很好，我很喜歡，」他說，「但我可以補充一點你剛剛講的東西嗎？」

他可以補充我剛剛講的東西嗎？尤吉・貝拉在一九四六到一九六三年擔任洋基捕手，獲得十座世界大賽冠軍，三座最有價值球員獎，這段期間也在全明星賽登場十八次。從球員身分退休之後，繼續擔任大聯盟的教練與球隊經理，做得有聲有色，一九七二年登上棒球名人堂。後來，在「瑜伽熊」（*Yogi Bear*）這部卡通裡，「比一般熊還要聰明一點」的熊角色，靈感就是來自於他（尤吉於二〇一五年逝世）。當然，他想補充什麼都行。他曾經說過一段話令人津津樂道：「當你遇到人生的岔路，就勇敢走上其中一條。」我走上岔路，說很榮幸能聽他說話。[1]

他提出了簡短貼心的建議。他告訴我，他曾和許多優秀的球員同場，也當過許多優秀球員的教練，他們都受到某件事的激勵。他稱之為球員的「核心動力」。他曾見過那些球員各有各的動機，最常見的就是不要輸、要贏球（這是兩回事）。但無論動機為何，每個球員都為了某件事而打球。

這番話就算沒有其他「尤吉語錄」那麼家喻戶曉，也立刻影響了我。雖然我之前的工作已經有關注動機這個主題，但他在這方面展現的堅定信念讓我深受啟發。自此之後，我一定更進一步探討個案的動機因素。幾年後，我看到一些尤吉的「金句」，都會想起在洋基春訓球員休息室的那天。他說，「輸球是最好的動力來源。」這話出自一位在球員生涯中幾乎與失敗絕緣的人。還有，「如果不知道自己要往哪裡走，就可能到不了那個地方。」

為了要抵達那個地方，比起詢問「什麼激發了你？」，更好的問題可能是「什麼是你的核心動力？」提升自我就是要了解這個核心動力，以及驅動它的燃料。你的核心動力是什麼？金錢？名氣？肯定？成功？勝利？害怕失敗？虛榮？愛？恨？如果你的答案很簡單（金錢、名氣、地位），那就再問自己一個問題：為什麼？為何我在乎金錢或名氣？為什麼晉升對我來說那麼重要？通常會有更深刻的動機在運作，而深入了解會對你有很大幫助。

動機（核心動力）與價值觀（信念）有細微差異。核心動力是驅動你前進的動機；信念則是你內心真正在乎的事。舉例來說，一個從小缺乏財務安全的人，可能會以金錢為動力，並將安全感視為重要價值。重視抱負的人，會被成功及其附帶的榮耀所激勵。而將競爭視為價值觀的人，會以獲勝做為動力。我開始輔導個案時，會請他們思考自己的信念，這就需要思考與反思，通常能帶來啟發性的體驗。這過程可能包括檢視動機來源，這些動機通常較為明顯，也檢視了動機與價值觀之間的關係。當動機與價值觀一致時，就會達到最佳表現：驅動你的事物是根據你的核心價值而來。然而情況並非總是如此；有時候，驅動我們的和自身價值觀並不一致。或許我們渴望新車或升遷，是受到外在因素驅動，而不是內在因素。當這種不一致的情況發生時，通常要重新思考自己的核心動力。

你經歷過最艱難的事情是什麼？

二〇〇〇年，我受邀在一宗司法案件中提供專業證詞。我很緊張，擔心反方律師問我困難的問題。要是他們問我這樣的問題，我該怎麼回答：「以你專業的意見來看，這個人未來還可能出現類似行為嗎？」我怎麼可能對未來某種可能的行為提供專業意見？

比爾．佩瑞博士（Dr. Bill Perry）是我的恩師益友，於是我和他談起我的擔憂。我們在一九九四年認識，那時比爾就是我的導師。他是知名的臨床神經心理學家，也是我的論文指導教授，在我修讀博士學位時指導我，也在我的職涯發展上提供無比寶貴的引導。那天，他告訴我一句至理名言，至今我仍經常想起。「要預期未來的行為，最好的指標就是過去的行為。」比爾說。「如果有人問你，某人在未來會不會做什麼事，最好的回應是，問問他們過去是否做過這件事。」人可以改變，也會改變，但是過去的行為往往是未來行為的良好指標。這是明智的建議，也有大量研究做為基礎。[2]

卓越往往是指在壓力下，還能表現良好，例如工作面試、演講、大型會議或表演。你在壓力下的反應，面對挑戰與爭議時的應對方式，正是你的一部分。正因如此，在初次與個案諮商時，我總會問：「你經歷過最艱難的事情是什麼？」這可能是很難回答、充滿情緒的提問；我得到的回答，包括所愛的人離世、離婚或分手、考試或課程不及格、破產、拒絕、大賽失利、遭逢意外、被解雇或裁員。這問題沒有正確答案；我們都經歷過一些情境，深深考驗著我們。

接下來，我會問更重要的問題：你如何度過這種情況？這可能看得出一些端倪，因為人在遭逢困境時，很可能會搬出過去採用的策略與技巧。你的反應可能很健康（使用內在處理技巧，把情況告訴親友，求助群體中的其他支援系統）、不健康（酗酒或藥物濫用、動粗、斥責或者孤立）、人性（驚慌失措、大哭或大喊），或者以上皆是。想想這種事情或時光，以及你如何反應與感受。如果有幫助的話，寫下來，放到旁邊，日後重新審視，並重複此舉。再說一次，這問題沒有正確答案，只是務必要對自己誠實。

回想當下你是如何應對的：是戰、逃或僵住？這能幫助你了解，當壓力再次襲來時，你可能會有什麼反應。你在壓力下能保持冷靜，或只要一點壓力就緊張得大汗淋漓？了解自己在壓力下的基本反應模式，就能為你的成長與進步奠定基礎。逆境能凸顯一個人的品格（character）（小馬丁・路德・金恩〔Martin Luther King Jr.〕說：「最終能衡量一個人的，並不是他在舒適與方便的時刻站在哪裡，而是在面對挑戰與爭議時立足何處。」）提問「什麼是最艱難的事」，宛如拿起一面鏡子，讓人看看自己可能沒體認到的行為模式。這問題可能很有力量，並能啟迪人心。

無論你處於何種人生階段、職業、家庭狀況，都不免碰到困難與逆境，因為那是人生的一部分。事情就是會一而再、再而三的發生。頂尖人士沒有避免這些事情的祕訣，也不是天生就莫名懂得如何保持冷靜。他們反而是學習到自己有何預設反應，之後努力改善（詳見後文章節）。

找到你的使命

你可以善用我在本章所提出的問題，了解自己是誰、在乎什麼、如何管理壓力，以及想達成什麼。如果事情不對勁，或挑戰太令人畏懼，很容易讓人崩潰。曾經花時間、智力和精神力量了解自己的人，就能堅毅的撐下去。他們本質上知道自己是誰、在做什麼、原因為何，從來不會質疑。

二〇一六年五月，艾瑞克．史波斯特拉突然寄了封電郵給我，那時他已是極為成功的NBA教練。他在二〇〇八年被邁阿密熱火隊延攬，是NBA史上少見的年輕總教練，球隊在他的帶領下，連續四年闖進總決賽（二〇一一到一四年），並在二〇一二與二〇一三年獲得總冠軍。「我成為總教練時，是非常以成果為導向的，這樣帶來很多壓力與焦慮。」艾瑞克說。「後來，我們簽下三大球員（巨星勒布朗．詹姆斯〔LeBron James〕、克里斯．波許〔Chris Bosh〕與德韋恩．韋德〔Dwyane Wade〕在二〇一〇年加入熱火隊），確實就變成結果勝於一切。」

艾瑞克的成績十分亮眼。不過，在經過四年總決賽之後，他感到精疲力竭。「我覺得空虛迷惘。我離開隊伍六個星期，評估局勢，為自己的工作尋找更深層的目的。」史波斯特拉得找回自己的內在核心價值，還得引導團隊與組織找回屬於他們的定位。他希望透過核心價值來領導團隊，例如團隊合作、信任、坦承與責任感等。這種需求並不是因為承受失敗的壓力，而是來自成功所附加的壓力。但無論原因如何，這個需求都非常真切，這也是艾瑞克主動聯繫我的原因之一。

艾瑞克寄送這封電郵時，說他要到聖地牙哥一趟，問我能不能見個面。幾個星期之後，我們在科羅納多一家我很喜愛的咖啡館吃午餐。他告訴我，他想要繼續學習，讓球員盡量多多接觸心智策略。他研究過我和其他人對於心理韌性訓練的成果，包括我在BUD／S的課程，因此想要進一步了解。我們花了一兩個小時，大略說明如何把心智表現融入隊伍與組織文化中。他邀請我持續擔任顧問，並在九月參加熱火隊的訓練營。隔天，我收到他的簡訊：午餐真有意思，談到陌生領域。我很有興趣，希望能以更強力的方式，幫助我們的球員。

幾個月後，安德莉亞與我來到位於巴哈馬的熱火隊訓練營。在接下來一個星期，安德莉亞享受島嶼風光的同時，我則和教練團及球員合作。我在演講中解說心智表現、建立個人資料，與每個球員見面，並參與練習。由艾瑞克率領的球員與職員都渴望盡力學習，改善自己脖子上、兩耳間的東西。他把我介紹給球隊，不只是為了協助球隊獲勝，更是要幫球隊建立起卓越的文化，這趟旅程從二〇一四年總決賽落敗之後就展開。「我有重大的責任，也很榮幸能當這個文化的看管者。」艾瑞克說。「我們想要奪冠，重要的是贏球。這不必多說。但這樣也會有空虛之感。」

他了解到，最重要的是球隊的價值觀與文化。「我是球隊文化的管家與看守者。每回我來到這棟建築物，就知道自己為何而來。如果偏離過程與價值觀，你就會迷失。」

刻意進化行動方案——目標驅動

要了解自己，找到你在這個位置上的使命，並寫下能描述你核心價值觀的個人信念。

- 為你生活的六個面向，擬定長期（一、三、六個月）目標。
- 思考什麼是你的「核心動力」，也就是你最有熱情的事，並深度探索，以理解你的動機與價值觀之間的關係。
- 回憶最艱難的經驗及如何處理，以了解你的壓力反應。

04 心態致勝

從這裡可以學到什麼？每一次的挫折、失敗或拒絕，都能為這問題帶來不同答案。

——凱蒂·史丹菲爾（Katy Stanfill），前美國海軍軍官與飛行員

凱蒂·史丹菲爾是個高成就者。她就讀美國海軍官校（US Naval Academy）時，是足球隊員，也是個優秀學生，畢業後獲得佛羅里達州彭薩科拉的航空訓練學校（亦即海軍航空學校）錄取。不過，她說自己「有點害羞——堅定自信一直

是我得學習的事」。她的優越事蹟可說是堅若磐石，然而違反直覺的是，這卻指出了她隱而未顯的信心不足。「我會朝著成就邁進。我發現，我可以仰賴能力，而不是自信。」

無論有沒有信心，凱蒂的心態對她來說是有幫助的。在飛行學校，她專精於直升機，而她在完成訓練，選擇駕駛的機型時，她選擇海軍艦隊最古老的機型：越戰時期的CH－46「海騎士」（CH-46 Sea Knight）。這型直升機的用途是提供補給、執行搜索營救任務，暱稱「打蛋器」，它上方有兩個螺旋槳，但機尾沒有。這型直升機在電影中頗為常見。

為什麼會選擇這麼落伍的機型？或許是因為凱蒂傾向挑戰與成就。「當然，駕駛噴射機的飛行員成績要最好，但不是我。選擇這種直升機，是因為不想依賴科技，而是想成為『可靠之材』。我向來有一種深刻的感覺，就是想證明自己。我是弱者、在男性主導的世界裡的女性，是安靜的領導者。我的決心很強烈，近乎固執。我下定決心要做到這件事。我喜歡挑戰，也喜歡克服困難之後的那種感覺。」

在飛行訓練學校，凱蒂必須通過一輪「直升機浸水」（helo dunker）的水下逃生訓練。她和機組員會被固定在直升機的駕駛艙，然後被扔進大水池，並上下顛倒（直升機是頭重腳輕，在水中通常會傾覆），同時還戴暗黑護目鏡，模擬夜間條件。這是因為在白天做這練習太簡單了。「許多人會恐慌。」凱蒂輕鬆的說，但她不會。

（你現在可能會說：「聽起來很可怕！」的確如此。我在一九九〇年代中期完成直升機浸水訓練，那是在職訓練方案的一部分，過程真是嚇死我了。光是和其他人被固定在直升機機艙已夠讓人頭暈目眩，又被浸到水中翻轉。我們還得戴著暗黑護目鏡，這下子情況更是可怕。你得和其他組員一樣，在什麼都看不見的情況下摸索出路，且不能失去冷靜。水池裡有潛水員，就在不遠處，需要時就會伸出援手，但是大家哪記得住呢？然而，我過關了，後來在F／A－18大黃蜂戰機、S－3維京式反潛機與EA－6徘徊者式電子作戰機訓練，都覺得相對輕鬆。）

在飛行學校之後，凱蒂完成SERE訓練（後來成為SERE教官，我們因此認識）。她第一次進入部隊部署時，已完全做好準備，以應付壓力。任何經過直升機浸水與SERE學校的人，都曾承受過巨大壓力，凱蒂全通過了。這並不是說她對壓力免疫，而是她已具備管理壓力的方法。無論接下來碰上什麼事，她都準備好了。

可惜，她出師不利。那時，她在海上第一次真正執行「垂直整補」（vertical replenishment）任務，也就是直升機在兩艘船之間運送貨物。當凱蒂載著沉重的貨物，朝一艘海軍船艦降落時，飛行控制系統忽然動也不動，沒有回應。情勢非常危急，直升機與甲板人員的潛在災難近在眼前。就在直升機猛烈偏移之時，另一位機組員立刻解開貨物，因此沒有造成傷害。不過，她對自己信心頓失。

「我信心崩潰。」她說。她降落運載機時，「無法把直升機開到停機坪附近。」後來，她把操控工作交給副駕駛，由他成功降落。他們檢查設備：所有設備都妥善運作。他們碰到的問題，可能是飛行員失誤。

「壞掉的東西在這裡。」凱蒂敲敲太陽穴說道。「我覺得好可恥。我為這一刻準備了這麼多年，最後卻沒辦法把直升機飛近到可以降落的地方。」她停了一下，之後好奇道，「我是怎麼度過那件事的？」

凱蒂能走到這一步，是因為她是專注於結果的成就者；這樣行得通，是因為結果總是如她所願。但她這次失敗了，是在公開場合，而且非常危險，當她想再度嘗試時，她只想到那次失敗。要把貨物卸載到起起伏伏的航空母艦甲板上難度很高，凱蒂感覺到遭受威脅。

她必須改變心態。她不把重心放在任務與結果（失敗……可恥）上，而是刻意重新改變思考方向。她思考了駕駛直升機，以及這趟飛行之前與之後的所有準備工作。「持續這樣做，你就會覺得比較好，並達到目標。」她記得曾如此告訴自己。而她做到了，繼續在軍中出任務，為許多船艦運送大量貨物。

擁有正確的心態，是培養優異表現的根基。這就像是心智軟體的作業系統，決定了表現頂尖的人與其他人的差異。直到心理發生變化，凱蒂才踏上成功之路。「我學著享受宛如雲霄飛車般的過程。」凱蒂說。「現在，當事情出錯時，我一定自問：我可以從中學到什麼？具備自問能力，且真正承受失敗或拒絕的傷痛，才能成長。每一次的挫折、失敗或拒絕，都能為這問題帶來不同答案。」

所有我訪談或輔導過的表現頂尖者皆是如此。他們會在人生的某個時間點記取教訓，幫助自己轉變心態，因此會展現出相當一致的一套特質。最強的菁英不自滿（「自滿就是敵人」），而是不斷尋求進展。他們謙虛、堅持，會尋找比自我更宏大的東西，成為其中一部分。他們受到潛能驅使，不願意在回顧人生時，後悔當初有什麼事情沒做。這樣的人或許會享受物質生活，但那不是驅動他們的力量，而是更關注於達成一項任務或理想。這就是表現卓越者的心態，即使凱蒂成就亮眼，也需要在內心建立這些特質。

什麼是心態？

「心態」（mindset）是相當新穎的詞語。在一九七〇年代中期以前，書籍上很少出現這個字，但後來使用的次數就超過千倍。[1]同樣的，自從二〇〇四年以來，「心態」在 Google 搜尋出現的次數也超過十倍，無怪乎催生出二〇〇六年，卡蘿・杜維克（Carol Dweck）的《心態致勝：全新成功心理學》（*Mindset:*

The New Psychology of Success）。[2]所以在過去幾十年，心態從模糊用語，變成常見詞彙；如今，大家都很常聽見與討論這個詞。不過，「心態」到底是什麼意思？

在美國心理學會（American Psychological Association）的詞典中，對於心態沒有正式的定義，但德文有個字 bewußtseinslage，意思是「心理經驗或活動，無法輕易以意象或感受來分析其連鎖關係」。這個詞最早是二十世紀初期，由幾位德國心理學家創造出來，他們發現，專注投入特定任務時，會啟動完成這項任務需要的「認知程序」。他們稱之為「bewußtseinslage」（翻譯一下：在有意識的狀態，或者在夜裡的星空下，戴著最好的耳機，聽平克·佛洛伊德〔Pink Floyd〕的《月之暗面》〔*The Dark Side of the Moon*〕）。他們把更高的意識狀態，與更好的表現連結起來，因此這群心理學家首開先河，認定一個人如何在心智上處理任務——以今天的話來講，就是他們的心態——會啟動「認知程序」，帶來更好的成果。[3]

更晚近之後，不知道 bewußtseinslage 的發音（或鍵盤上沒有ß）的心理學家，開始改採心態一詞，並提出比德國前輩更容易理解的描述。史丹佛大學教授杜維克所定義的心態是：「一種心智框架或視角，會選擇性的組織與編碼資訊，讓個人朝著特定方式來理解一項經驗，並引導他做出相呼應的行動或回應。」依照杜維克的說法，在我們這充滿複雜資訊且資訊經常衝突的世界，心態是不可或缺的。這是一套「簡化系統」，幫助我們組織與理解這個世界。[4]

好吧，或許看起來也沒那麼好懂。另一位史丹佛大學心理學家艾莉雅．克拉姆（Alia Crum）為心態下了好一點的定義：「我們對於事物領域或分類的核心假設，會引導我們朝著特定的一套預期、解釋與目標前進……心態是看待現實的方式，會形塑我們的預期、理解與想要怎麼做。」[5]

不然，讓我試試看這樣的定義：心態，是人在面對所有情況時，所設定的心理狀態。

無論精確定義為何，幾乎所有心理學家都同意：心態的威力強大。長久以來的醫學研究告訴我們，心理相信的事情會直接影響身體。這稱為安慰劑效應：正向的結果是來自於「相信」自己得到有益的治療，無論是不是真的有治療。正因如此，醫療研究在測試藥物或療法的效用時，一定會伴隨著虛假藥物或療法（安慰劑）的效用研究。唯有如此，才能確保治療效果不只是來自病人的信念。

有充分的證據顯示，安慰劑效應也會影響表現。有一項統合分析找了十二份研究，探討給予運動參賽者安慰劑的影響，從自行車到舉重等項目的運動員都包括在內。研究者告訴運動員會提供「運動增補劑」（ergogenic aid）給他們，這名稱聽起來很厲害的藥丸可以提升表現（就像類固醇）。在所有研究中（除了其中一項，其餘研究都在二〇〇〇年後發表），運動員在服用安慰劑之後，表現都有明顯提升，且在統計上能看到明顯的差異。其改善幅度可高達百分之五十，但多數介於百分之一到五之間。對於任何競賽的頂級運動員來說，這樣的提升幅度足以左右勝負。

研究也發現，「在任何研究中，運動員因接受假治療（sham treatment）而表現提升，合理的結論是該運動員具備著尚未開發的心理潛能。在運動領域，無論蘊含著何種安慰劑效應機轉，似乎都表示，運動科學家有責任進一步研究安慰劑效應。」[6]如果安慰劑能至少提升幾個百分點的表現，或許心智表現技巧也能達到類似效果。

「迷信」在許多運動員與其他頂尖人士身上都很常見。這就是一種安慰劑，也可能具有類似的正向效應。二〇一〇年發表的一項研究顯示，在諸多競賽中（高爾夫球、記憶、拼圖），會使用某種形式的幸運符（手指交叉、穿戴某種幸運衣物或珠寶）的參賽者，實際表現會比沒有迷信的控制組還要好。經過進一步探索，心理學家發現，要改善表現的因素之一，就是「任務持續力」（task persistence）。靠著迷信的信念而獲得力量的人，也會對成功較有信心，在面對挑戰時，會更加堅持。既然你口袋裡已經有一枚幸運幣，豈有放棄嘗試的道理？[7]

安慰劑效用就是代表信念會影響自身表現。如果認為自己攝取了一顆有助於改善表現的藥丸，那麼無論那顆藥丸究竟含有什麼，我們都會表現得更好。如果認為某個幸運物或一句口頭禪有助於提升表現，它就會發揮作用。這些小技巧有助於釋放潛能，但未必只是手法。心態是一種選擇。

大多數人每天起床時，心態總是一如既往。這種心態是由經驗、環境、個性、人口背景、智力、成長過程、基因等種種因素發展出來的，並非刻意選擇或培養，而是自然而然被賦予的。多數人在面對人生起伏時所抱持的心態，並非經過深思熟慮，而是出於習慣和本能。雖然這不至於像蒙著眼自轉個十圈後，還試圖登上高山那麼荒謬，但也相去不遠。

我認識許多表現優異的人，他們會從預設心態開始，表現得也很好，但沒有一個人僅靠這樣而成為最頂尖的。就像凱蒂一樣，他們在某個時點撞上了所謂的「隱形高牆」。到這時候，他們才有意識的決定改變心態。如何做到這一點，就是本章接下來要說的重點：

- 選擇心態
- 練習與改善心態
- 依據你的角色，學習如何調整心態

把這件事做好，讓它成為習慣，就會像每天服用安慰劑一樣。

選擇心態

你可能聽過「匹克球」（pickleball），這種運動有點像網球，但是球場較小，球本身是塑膠製成，球拍像超大的乒乓球拍。匹克球是在一九六五年發明，[8]近年來廣受歡迎（甚至有人說這是世界上成長最快的運動），因為這種運動有趣易學，幾乎人人都可參與。許多人視之為社交活動，而不是競技運動，當然也會計分，不過真正的目的是和球網另一邊的兩位隊友聊天。

但我不是這樣。每次提到匹克球，我簡直就變成比賽狂。以前常和妻子安德莉亞打雙打，而我總是留意尋找對手的弱點，並加以利用。等到我們快要贏的時候，我就會卯起來打爆對方。正因如此，我說「以前」，是因為妻子現在很少和我一起組成雙打，只怪我太有競爭心，忽視了多數雙打隊伍追求的目標：聯絡感情，度過充滿樂趣的下午。我會有這種競爭個性，是年輕時打網球時養成的。我會觀察那些打敗我的老練球員，看他們如何在心態上面對比賽，並盡力仿效。現在，每當我我踏上球場，都會採取這種心態，無論是不是匹克球。[9]

不過，當我擔任臨床與績效心理學家時，我就會傾聽，展現同理。我可能會尋找弱點，但目的是幫助個案，而不是打敗他們。我堅持有毅力，但不是競爭；勝利不是重點。不同的角色，會需要不同的心態才能成功。

NBA球星史蒂芬・柯瑞（Stephen Curry）曾說：「成功不是意外。成功其實是一種選擇。」我要補充：心態也是一樣（然後我會說：「繼續投三分球吧，柯瑞。」而他會微笑，與我擊掌）。你可以選擇使用預設的心態，也可以選擇要達到最佳表現時所不可或缺的心態。要做到這一點，你得先知道自己往哪裡前進。想想看你此刻在生活中所扮演的角色。你是學生、員工、主管與領導者、企業家。你是家長、兄弟姊妹、兒女。你可能是配偶或伴侶。你是朋友。你是群體成員，無論這群體是團隊、巡迴劇團、學校、非營利組織、聯盟或俱樂部。你有許多角色，而要能在每種角色中達到卓越，都需要某種心態。

要選擇你的心態，首先，挑選其中一個角色——在其中，你是個展現績效的人。對大部分的人而言，這可能是工作或職業。寫下你認為成功時所不可或缺的最重要特色描述。「**要當成功的＿＿＿＿＿，我需要（更）＿＿＿＿＿。**」這些可能是從對他人的觀察與談話中第一手得知，或是從你領域中表現最佳者的文章、部落格或書籍得知。舉例來說，成功教師的心態特質（有耐心、嚴格、能傾聽、要求、有同理心、有彈性、寬宏大量），就與檢察官很不同（嚴厲、堅毅、不寬貸、競爭、講究實際、不留情面、隨時準備利用任何弱點）。

當你經歷這種過程，寫下你對每個角色所渴望的特質時，可能會感覺和上一章談到的價值觀很類似。不過，價值觀是內在的，主要是捕捉與整理出我們最深刻關切的事情，然而心態特質卻是向外展現的。我們希望每個角色帶有什麼樣的人格特質？在大部分的情況下，我們不會想改變價值觀，而是想了解價值觀。但是心態特質是可以改變的。如果要完整發揮潛能，需要不同心態，那不妨加以嘗試。

先前提過，我輔導的頂尖人士都有一套相同的心態特質。這些心態特質可能就在你建立的清單中：不自滿、不斷尋找優勢、謙虛、堅韌、想要屬於更大的一部分；受到使命驅動，而非物質利益。最重要的是，他們通常有「成長心態」。這是杜維克博士創造與推廣的詞，她這樣定義成長心態：

這些相信自己的天分可以得到發展（透過努力、好策略，以及來自他人的投入與影響）的人，就是擁有成長心態。另一方面，認為自己的天分是與生俱來的贈禮時，就會偏向定型心態。有成長心態的人，通常比定型心態的人成就更高，因為他們較少擔心要看起來聰明，而是投入更多努力在學習。[10]

每個人天生都有好奇心，會尋求挑戰與機會，從中學習。正因如此，學步兒會睜大眼睛，接近陌生人、狗、冰淇淋。他們故意把東西扔下來，只為了想看看會發生什麼事（聽起來很有趣，不是嗎？）。有許多研究支持這一點，包括近期研究顯示，孩子喜歡「探索」，即使他們知道可能得付出潛在成本（也就是失敗）。[11]

多數人在開始發育，進入青春期之時，就會失去與生俱來的成長心態。但不是人人如此。杜維克和團隊的研究發現，曾引起世界各地愛子心切的父母不小回響：幼兒在「過程中獲得讚美」的比例愈高，長大後學業表現會更好，而他們的成功主要是來自於成長心態。如果家長讚美小孩在某件事的努力與方法（「我好喜歡你不斷嘗試！」），那麼比起父母讚美成果或人（「畫得好棒，你真是厲害的畫家！」），前者未來會更可能成功。為什麼這種「過程讚美」能促進成功呢？因為能灌輸孩子這樣的信念：智力與其他能力是可以鍛鍊的，可以透過努力與過程改善。這樣就能給孩子更多信心，接受挑戰，幫助他們建立那些能力。這是能自我滿足的良性循環。這幾年來，如果你注意到你們社區公園遊樂場的父母說話方式跟以前不同，這就是原因所在。[12]

但如果你的思維基礎（也就是你的「內隱理論」）是認為自己的心智能力是固定不變的，那麼事情就會如你所想——你將無法學習或成長。但如果你的內隱理論是相信智力和人格是可以改變的，那麼結果也會如你所信。挑戰與失敗將成為學習更多、變得更好、再次嘗試的起點。

與成長心態互補的概念，就是恆毅力（grit）。這是由賓州大學教授安琪拉・達克沃斯（Angela Duckworth）及其著作《恆毅力：人生成功的究極能力》（*Grit: The Power and Passion of Perseverance*）推廣普及的概念。成長心態認為能力是可以變動，並非固定不變；恆毅力則是以穩定的決心，追求長期目標的傾向。達克沃斯把恆毅力分成兩個主要元素：努力（毅力）與熱情（維持興趣），兩者都應用到長期時間框架。恆毅力與成長是不同的心態——一個人可能有恆毅力，卻沒有成長，反之亦然——但也可以彼此強化。二〇二〇年，達克沃斯與其他研究者提出一項發現：「那些認為智力是可塑的（即成長心態）青少年，即使考量其以往的信念，仍會穩定持續的朝向有挑戰性的目標前進。相反的情況也一樣，甚至程度更大；恆毅力程度較高的人，可望培養出更高的成長心態，反之亦然。」如果你有恆毅力，就更可能培養出成長心態；有成長心態，也更可能培養出恆毅力。[13]

除了「成長」之外，還有其他強而有力的心態描述詞。樂觀就是重要的一種。樂觀通常和成長有關（悲觀者很難維持成長心態），也能帶來自我實現。如果認為自己可能成功，就更願意接受挑戰，朝著目標持續努力。我也常聽到戰士心態。這主要是指完成一項任務的毅力與決心，無論任務多麼具有挑戰性。另一個要考量的特質就是有企圖心；研究顯示，企圖心會和成功有直接關係（至於快不快樂，又是另一回事了！）。

選擇採取哪些心態特質的最後一項要點：心智要保持平衡。你選擇的心態描述詞（毅力！樂觀！）多半會是正向的；我還沒遇過哪個人渴望懶惰與墮落。但就算是好事，也可能過猶不及。樂觀是好事，但是太樂觀就會自滿：「我不需要努力，一切都好好的！」這就是亞當．葛蘭特（Adam Grant）與貝瑞．史瓦茲（Barry Schwartz）所稱的「倒U型」效應，亦即「正向現象來到轉折點，效果變成負面」。他們引用希臘哲學家亞里斯多德的觀念，這位哲學家主張，「若要達到幸福與成功，就必須在匱乏與過度之間，培養出適度或中庸等級的美德」[14]（相較於亞里斯多德的「中庸之道」，他們可能同意金髮女孩與她「剛剛好」的口頭禪*，但亞里斯多德顯然更有智慧）。

正因如此，你會需要能平衡的心態特質。自信要與謙虛平衡。要努力工作，也不能忘記……均衡一下，給自己一點放鬆與充電的時間。自我效能（Self-efficacy，對自己能夠完成任務的信念）與持續改善的願望平衡。當你選擇該怎麼描述理想中的心態時，務必要把平衡記在心裡。

留在圈圈內

現在，你已蒐集一套很棒的特質，描述理想的心態。但，那又怎樣？那只是書頁或螢幕上的詞而已。我們或許想要成為成長或挑戰導向、有企圖心、有毅力、謙虛、厲害的人。難就難在該如何達成？很少人天生具備自己領域中理想的心態。我們都想當杜維克所說的成長者，也想成為達克沃斯所稱有恆毅力的人，但大部分的人內心也都有像查理．布朗（Charlie Brown）的一面。如何練習你所選的心態？如何使之成為日常生活的一部分？

我的答案是：從可掌控的事開始練習。在我合作或訪談的頂尖人士中，最厲害的人會說，盡人事，聽天命；掌控自己能掌控的，其他的就別擔心。這項能力

＊譯注：出自童話故事《金髮女孩和三隻熊》（*Goldilocks*）。金髮小女孩在森林中迷路，來到熊的家中，剛好熊都不在。於是，她選擇坐在剛剛好的椅子上，吃了溫度剛剛好的食物，最後在軟硬剛剛好的床上睡著。許多領域會以這故事來形容一切條件都恰到好處。

並不容易精通，但是在我的經驗中，透過這些可掌控的事情，就能培養與實踐一種心態。

可掌控的事情很簡單，就是指你可以控制的。你無法控制要不要下雨，但你可以控制要不要帶傘。態度也是一樣：你可以掌控自己如何看待一件事或一個人。又比如努力：你可以掌控多努力工作。當然還有行為，也就是你要採取的行動。就是這樣，你能掌握的就是這些：態度、努力與行為。其他的，就別管了。希臘哲學家愛比克泰德（Epictetus）曾說：「要快樂，只有一個辦法，也就是別去擔心超出你意志力外的事。」或者，如果你比較喜歡年輕睿智的哲學家，就聽聽看《花生漫畫》（*Peanuts*）的奈勒斯（Linus）怎麼說：「學著忽略，是通往內心平靜的良方之一。」

我在內心中一直猶豫，究竟專注於可控因素是一種心態特質，還是一種讓心態得以實踐的框架。結論是：並不重要，這只是語義上的差別。重要的是這句口訣：「態度、努力與行為。」要真正活出你的心態，就要同時啟動這三項可控因素；只做到兩項或一項都行不通。舉例來說，假設你選擇的一項心態特質是堅持。很棒！那然後呢？嗯，假設你面對一項挑戰。你要如何採取行動？你的態度要保持正向，不斷嘗試，直到正確；你很堅毅，記得嗎？你會付出很多的努力，因為堅毅的人在面對挫敗時會更加努力。最後，你的行為也會隨之改變，嘗試不同的策略與技巧，因為堅毅的人不會反覆做同樣的事情，而是會調整。現在，你透過態度、努力與行為，賦予了書頁上那個字——堅毅——生命。這個字在履歷上很好看，但是要透過態度、努力與行為，才能成事。

表現最佳的人懂得盡人事，聽天命，但這可不容易。若能使用心法可能會有幫助，因此我鼓勵個案要能「留在圈圈內」。這圈圈裡有什麼？態度、努力與行為：你可以掌控的事情。那什麼在圈子外呢？你無法掌控的所有一切。每當我的個案開始擔心別人怎麼說、怎麼想、怎麼做，或是環境會怎樣那類事情，我總是提醒他們留在圈子裡。不久，他們就會開始這樣告訴自己。

對於許多優秀人才來說，圈外的事情多半是日常瑣事，例如天氣不好、負面評論與評價，以及競爭激烈。但圈外也可以包括較深刻的議題，例如財務或家庭狀況不佳。這些可能都是無法控制的，但也幾乎無法忽視。無論如何，要有成功的成果，就縮小你的思考範圍，掌握可控制的事，且至少要有段時間忽視其他事情。諸如「留在圈圈內」的心法是有用的，可以提醒自己重新把焦點導向態度、努力與行為，遠離外在環境及其所衍生的可怕挑戰。

練習態度

戴夫．伍茲爾（Dave Wurtzel）曾任消防隊員約二十年，後來專注於成立非營利組織「前二十」（The First Twenty），旨在為全美的消防員與先遣急救員建立與提供全方位的健身與績效方案（我會認識戴夫，是因為他在聽過我的Podcast之後來聯絡我）。

除了消防員的正職之外，戴夫也曾兩度贏得消防戰鬥挑戰賽（Firefighter Combat Challenge）的世界冠軍。消防戰鬥挑戰賽（現稱為消防挑戰）在一九七四年展開，起初是一項研究計畫，主要是為消防員設定健身標準。研究者發展出一套五種常見或危急的打火任務：扛水帶前往高樓、舉水帶、破門進入、推進水帶、救出受困者。參與者從不同的消防局選拔而來，裝備完成後就衝進計時賽場地，執行一項接一項的任務。後來在分析結果時清楚看出，健身與更高水準的表現呈現直接相關。

其中一位帶領這項研究的保羅・戴維斯博士（Dr. Paul Davis）發現，這項研究的參與者在執行任務時，相當有競爭心。雖然花了點時間，但是在一九九一年，戴維斯博士安排了第一屆消防員戰鬥挑戰賽，有來自華盛頓特區的幾個消防局參與。過了幾年，ESPN開始轉播這些賽事，並稱之為「體育界最艱難的兩分鐘」，因為完成包含五項任務的障礙賽通常約需兩分鐘——對菁英競賽者是如此，你我這種凡夫俗子根本做不到。

在二〇一七與二〇一八年，共有超過五十支隊伍參與消防戰鬥挑戰世界冠軍賽，戴夫是接力賽獲勝隊伍的成員。所以他和隊友在二〇一九年，信心滿滿的前往阿拉巴馬州的蒙哥馬利參與決賽。「我們練習了幾次，很有信心，認為這次一定沒問題！」他回憶道。「我率先出發，表現得很好。然後，我跌倒了。我跑到彎道區時絆了一跤。」

這時，負面的自我對話出現了。「我內心變得只專注於一件事：跌倒。我滿腦子就只有這件事。我住在賽場對街的旅館，凌晨四點醒來時，望向窗外的跑道，看著自己跌倒的地方，腦袋只想著跌倒。我在那跑道上跑了上百次都沒事，但我想到的就只有跑不好的那一次。

「我的大腦在扯我後腿。我試著告訴自己要好好表現，但是腦袋卻回答：**是啦，但你摔倒了**。我需要好好表現。**是啦，但你跌倒啦**。感覺就像我在跟自己吵架。」戴夫贏得這次爭執。他花了點力氣專注，告訴自己該怎麼跑這段賽道，並正確完成，果然有效。他沒再摔跤，團隊得到第二名。

我們都知道，話語會影響心態。父母讚美孩子的努力，就能讓孩子產生成長心態；同儕之間對於失敗嘲諷，就會產生定型心態。同樣的情況也會發生在自我對話，也就是以文字來描述感受與感知的內在聲音。自我對話是我們的信念系統如何與我們對話，會掌控自身對大部分情況如何反應與回應。這可能有好有壞。如果你的自我對話是正向的（**下一次就會成功**），那麼負面經驗的結果，可能會比負面的自我對話（**老兄，你好遜**）要好。在練習賽失敗之後，戴夫發現自己卡在後面這種情況當中。他得克服這種內在的聲音，重新導向正向（**你做得到**），才能成功。

要練習第一項可控制的事：態度，最好的辦法是管理好自我對話。你在生活中，面對著種種挑戰（對話並未照你的方式進行、錯失妙語如珠的機會，以及生活中的小失誤），觀察你對自己說些什麼。過濾掉你對其他人的嘮叨（**那混蛋剛插隊！**），留意你對自己的喋喋不休（**我怎麼可以讓他那樣？我就是這樣，人太好了**）。當你對自己說話時，是個批評者，還是教練？

接著，練習改變。每當發現自己說的話反映出你想改善的態度時，要自己停下來。但是，別讓那內在的聲音靜默；反而要以新的心法來重複。把內心的爭辯（**你做得到！不，沒辦法，失敗時看起來超蠢**）轉為肯定自己的聲音（**你做得到，要是成功，不是很棒嗎！**）。這聽起來像是老生常談，不過，通常這種有白頭海鵰飛過崎嶇山峰當背景、配上老掉牙海報的話語，確實有效。你可能沒料到有多少頂尖人才在走上運動場、舞台或會議室之前，會對自己重複這種正向的肯定。他們多半是有意識的在心裡填滿這種正向的自我對話。「你準備好了、你很棒、你有所準備、你要放鬆、你做得到。要命喔，大家都喜歡你。」（好吧，或許沒有最後那句，除非要上場的人是一九九〇年代初期，艾爾．法蘭肯〔Al Franken〕在「週六夜現場」扮演的斯徒爾．斯莫利〔Stuart Smalley，這個喜劇角色的知名台詞是：「我夠好，夠聰明，而且要命喔，大家都喜歡我」〕。）

許多研究報告證實了自我對話對表現的好處。舉例來說，二〇一一年有一項以四十七份研究為對象的統合分析，這些研究是評估運動員自我對話對於表現的影響。科學結論是：有用。[15]其他研究指出語言的重要性。舉例來說，二〇一六年的一份報告整理出幾項研究的重點，顯示經常思考負面自我對話的人，最後會試著分析自己為何那樣反應，而很遺憾的，這又會導致更多的負面自我對話。[16]這種反芻會對表現大扣分。會發生這種情況，是因為自我反思通常是來自「心理沉浸」的觀點，這麼一來，要客觀或不帶情感處理問題就不容易。解決方法是自我抽離（self-distance），像個好朋友或家人那樣，來接觸這個情況。二〇一九年的一項研究確認了這一點，顯示競賽型的自由車手若使用第二人稱的自我對話（**你是很棒的自由車手**），表現會優於使用第一人稱的自我對話（**我是很棒的自

由車手）。[17]

自我對話就只是說話，正如你對其他人說話一樣。練習正向態度，需要讓自我對話和外在對話一致，都採取你想要實踐的正向心態。你在注意自我對話時，也要留意對他人說了些什麼。海豹部隊有句話說：「平靜是會傳染的。」我比照辦理，推論「情緒是會傳染的」。你傳達給他人的東西，無論是正面或負面，都會改變對方的心態，強化自己的心態。就像自我對話，如果你注意到自己在使用負面語言對別人描述情況時，不妨練習改成以正面來訴說。

練習努力

不是每個人都能成為邁阿密熱火隊的成員。別懷疑，總教頭艾瑞克・史波斯特拉常穿一件T恤在辦公室與練習場現身，衣服上就寫著**不是人人都能和我們一樣**。他解釋，這不是傲慢。「我們的核心價值是，要成為最努力、條件最好、最專業的球隊。我們每天都努力更上層樓，期待每個人都要完成例行公事，到重訓室練習，每個星期測量體重與體脂，也和營養師諮商。有些球員因此離開，不想承擔這份責任。」

你有多常回顧自己的表現，心想當初如果再努力一點，更努力學習、練習、重複、專注，會不會表現得更好？如果你和大多數人一樣，包括我曾合作的多數佼佼者，那答案就是：經常如此。這道理幾乎永遠沒錯：更努力付出，就會變好，獲得更多成功。

努力可能是在練習心態時，最簡單也最困難的部分。簡單是因為你知道該做什麼：更勤加練習、讀書、運動，投入更多時間。困難則是：要付出更多。某些人（以及許多表現優越者）天生就是勤奮努力，把這情況視為理所當然，不覺得勉強。但大多數人就是我常說的「人類」：人都有局限性。當我們在生活中來到一個分岔點：要花一小時練習自己在乎的事，或任憑腦袋讓爆紅影片或實境秀荼毒？這時往往會選擇看影片，練習的事就明天再說吧。人的意念與行為之間是有差距的，並嘗到這種差距之苦（也可能從中獲益，端視於你是不是舒服的坐在沙發上）。我們會想去做某件事，卻沒有付諸實行。

當你碰到要工作或是要放鬆的抉擇時，選擇前者。你要能察覺意念與行為之間在你面前出現鴻溝，並選擇架起橋梁，付出努力。雖然不是百分之百都要選擇更努力（這樣會累壞），但通常要比你現在付出得多。這樣可以幫助你致勝，畢竟你無法一次就漂亮跳過從沙發馬鈴薯變成工作狂的鴻溝。留意一下，如果某一天，你可選擇接下來一個小時該如何度過，你那時會怎麼選？你的「努力商數」（effort quotient）是什麼？想想看這種不同的「ＥＱ」，之後努力改善。你不必達到百分之百，只要比昨天更好就行（下一章會談到確保自己善用時間）。

掌控你付出的努力，並不只是投資更多時間；而是如何投資那樣的時間。回想一下討論目標的那一章，卡莉．勞埃德談到她所列出的清單。這種做法挺不錯的，可以善用你所付出的努力。部分努力，就是要規劃如何利用這段時間。

艾瑞克找遍律師，在這道鴻溝上搭起一座橋。在每個球季之前，他要求球員與教練簽一份書面同意書，投入這項工作。「你必須投入成長心態。」他說。「你得投入犧牲與努力。要成為比你自己還特別、還宏大的一部分；你必須明白什麼叫犧牲，且要有犧牲的意念。」

練習行為

第三項可以掌控的，就是行為：我們做的決定與採取的行為，會反映出心態。心態會直接影響行為，行為也會影響心態。舉例來說，現在多數棒球員有「進場音樂」（walk-up song），也就是球員上場打擊時，球場擴音器傳來的音樂。究其來由，是一九七〇年，芝加哥白襪隊的風琴手南西．佛斯特（Nancy Faust）首開先河，為每個上場的球員演奏不同樂曲。這種做法在一九八九年運動喜劇電影「大聯盟」（*Major League*）之後風行。電影中，查理．辛（Charlie Sheen）飾演的終結者「野小子」瑞奇．凡恩（Ricky "Wild Thing" Vaughn），在第九局打得難分難解時，〈野東西〉（Wild Thing）這首曲子響遍球場，觀眾隨之搖擺。

進場音樂就是一種公開的登場儀式，早在錄音音樂問世後就存在了：播放一首特定樂曲，為關鍵時刻預做準備。人人都有自己的進場音樂，在大考、面試或約會之前於心中響起，為自己打氣。那些隨著耳機流出的應援曲而擺動身體的人，可能不明白自己正把表演前的例行儀式規範化。

這種登場前的例行儀式在運動界很常見。大學籃球教練約翰・伍登（John Wooden）在一九六〇與七〇年代，率領加州大學洛杉磯分校在國家大學體育協會（NCAA）舉辦的競賽中奪冠十次，他要求球員在每一場比賽前，以一模一樣的方式穿襪子與鞋子。這並不是在說鞋子本身，而是關於那套例行儀式。藉由每次表演前執行一模一樣的儀式，就是告訴自己的身心做好準備，即將上場。你可能也有類似的習慣卻不自覺：每天早上必須喝杯咖啡，這常規的重要性其實不亞於咖啡因（你們現在一定很多人搖頭，說重要的是咖啡因！）。那是個訊號，告訴你的心智和身體，一天的演出要開始了。[18]

練習心態的方式，就是建立一項例行儀式，為心智做好採取那種心態的準備（或寫下你已擁有的心態）。那不一定是音樂，可能包含衣服、配件、餐食、對自己喊出的心法，或冥想片刻。之後，練習這項儀式，每一次都要把細節做好。如果變動或遺忘這項儀式，你就更可能陷入預設心態，而不是你希望能抱持的心態。

建立習慣，這個習慣要能具體呈現你所選的心態。思考一下這心態，觀察能展現這種心態的人，看看他們做了哪些事，幫助自己維持心態，而你可以仿效。舉個例子，身為家長這個角色，你想採取的心態是多傾聽，少說教。要練習這種心態，你可以採取的做法包括和孩子在一起時，把手機放到遠處。你可以把他們的話反思一遍，而不是立刻回應。

如何表達自己，包括內在與對他人表達，都是練習心態的有力方式。要注意的是，避免使用無法表達你所選心態的語言。培養與利用心法，把你的心智推向正確的方向，例如凱蒂．史丹菲爾的「我可以從中學到什麼？」不僅如此，要確保你對別人所說的語言，和你對自己說的是同步的。如果一個執行者跟同事說話都很正向（我們可以做到，會成功的），但是自我對話卻信心缺缺，這樣就會產生失調的狀況。養成好習慣，聽聽自己對別人說什麼正向話語，並對自己使用相同的語言。

另一種實踐你心態的方法，是主動尋找擁有相似心態的人。我常看到一些人在表現場域中能成功發揮高績效心態，但換到別的環境時，心態就變了。你和其他人在一起時，可能會努力改進，但當你身邊的人採取不同的做法，你可能又不再努力。這樣會把你拖垮。我父母曾說：「跟我說說你的朋友，我就能說出你會是什麼樣的人。」我還會補上一句：「告訴我你朋友的心態，我就知道你的心態是什麼。」

練習失敗

失敗是最好的老師。問問陳巍吧，他在二〇一八年冬奧雖然表現失色，卻把他推往心智表現（以及後來的比賽表現）的新層次。問問凱蒂．史丹菲爾或戴夫．伍茲爾，他們把自己的失敗導向更正向與成功的心態。

或問問卡莉．勞埃德，美國史上難得一見的優秀女子足球選手。二〇一一年，在德國法蘭克福的女子世足賽中，美國與日本決賽是二比二平手，必須進入PK戰對決。在第一回，美國中場球員香農．博克斯（Shannon Boxx）沒能進球，日本的前鋒宮間綾射門得分。接下來輪到卡莉登場。

「我把球放下時，開始思索怎麼踢這球，心中一直猶豫不決，自問該要在同一邊，快速踢進最後一球（之前對巴西就是這樣進球）？或者該換個點？我不斷告訴自己，就踢個速球。然後我上前，起腳射門，卻踢飛了，球飛越橫梁。我們輸了PK戰。我整個人都崩潰了，覺得辜負了隊友與國家，後來低潮很長一段時間。」

等到她走出低潮，決心（態度）不在世界盃錯過任何一次罰球。她精進自己的技巧（行為），反覆練習（努力），直到完全自動化。到了二〇一五年世足賽揭幕時，卡莉已經準備好了。她在對哥倫比亞的淘汰賽中又來到PK階段，從門將左邊射門進球，而在準決賽時面臨德國，承受更大壓力。等到與德國隊PK對決時，卡莉把球放到定點。「我在與哥倫比亞對決之後，就決定如果還出現另一次PK的話，我會踢向同一側。」她說。「我後方一陣騷動，但你可以從影片中看出我多麼專注。周圍發生的任何事都沒進入我的腦海。我走上前，起腳，射向同一側，球應聲入網。」美國隊贏了，晉級決賽，最後抱回世界盃冠軍。「誰都可以在PK賽中進球。」卡莉告訴我。「事情沒那麼難。關鍵在於你怎麼告訴自己的大腦。如果你內心有那麼一丁點懷疑，那就分心了。我在二〇一一年時還沒準備好，但是二〇一五年已經就緒。」

成功是個差勁的老師，失敗卻是好老師。你可以從卡莉二〇一一年的失敗，畫一道直線到她二〇一五年的成功。陳巍、凱蒂、戴夫及幾乎所有我輔導過的頂尖人士都失敗過，也靠著從失敗中學習而更成功。

問題是，失敗的滋味並不好受。「舒適圈」這個名稱其來有自：就是舒服！而且安全：留在舒適圈，沒有人會因為你搞砸而苛責你。這正是你的本能腦所渴求的。那是老祖宗在充滿威脅生命的災難中，得以生存的遺澤，因此醫師總會要我們保持舒適安全。

戴夫．伍茲爾在成年後雖然成為了費城消防隊員，也曾是消防戰鬥世界冠軍，但在更早以前，八年級參加籃球隊時沒能上場，原因就在於舒適圈。「我走出更衣間時覺得好緊張，所以我沒能上場。我從來不曾嘗試。我告訴我爸他們不讓我參加球隊，他不明白為什麼在第一天練習就發生這種情況。」顯然戴夫沒有學到這一課，因為過了幾年，他進入賓州州立大學就讀，再度不願離開舒適圈。

「大一才剛開學，我就對一個女孩一見鍾情。等到都要畢業了，在一場活動中，我終於鼓起勇氣，走上前跟她說她有多美。她回答：『要是你四年前告訴我就好了！』然後，她轉身離開！」

如今戴夫已婚，擁有幸福家庭，因此他是笑談往事，毫無後悔之意（好吧，或許有一絲絲悔意）。「我一直不敢迎向困難。我很害怕壓力，不想失敗。就像韋恩・格雷茨基（Wayne Gretzky）說的：如果你不嘗試射門，就百分之百失去機會。我就是不敢嘗試。」

許多人根本不曾嘗試。有些人會後悔，有些人則是想都沒想，躲在自己的同溫層。遺憾的是，維持舒適，絕對是練習心態時最糟的方法。失敗為成功之母，能帶給我們教訓。我們如何處理失敗，正是心態的明確特質。這表示，要學習卓越，得先練習失敗。要深思熟慮、多多冒險，遠離舒適圈。

你有沒有喜歡哪個不屬於你同溫層的人？和他們聊聊。有新機會朝你而來嗎？要答應。有人在找志工或志願者？快舉手。看見有趣的課程或俱樂部宣傳？去報名。跟自己說放棄一些事？告訴自己別放棄。優秀的人擁有多到近乎「奢侈」的失敗機會，他們因此有充分的餘裕從中學習。但對多數人來說，比較沒有機會去挑戰表現，因此沒那麼多從失敗中學習的機會。

先從風險較低的環境開始。試試看一種新的比賽、運動或消遣，並花些時間，讓自己屢屢失敗。想退出，對吧？不行！覺得孩子聽的音樂讓你受不了？這就是練習的好機會！跳嘻哈舞吧！或試試看以前沒嘗過、通常也不會去嘗試的新食物。之後，如果你覺得討厭（失敗），就花點時間從這經驗中學習，或許欣賞其中的某個部分（態度），看看你是否會改變心態，再度嘗試（努力）。你可能會吐出來（行為），但至少試過了。

失敗的次數愈多，愈能練習如何回應失敗。已退役的海豹部隊成員馬庫斯・盧崔說：「即使你不去找壓力，壓力也會找上門來，人生也會找上你。如果你沒準備好面對，就會被壓垮。在海豹部隊的頭三年，我覺得自己什麼事都失敗了，但沒放在心上。你的態度必須是，事情過了就算了。你的態度必須是，這下子我懂了，不會重蹈覆轍！」失敗的次數夠多，就會了解失敗為成功之母。

刻意練習失敗，不僅能培養出成長心態，也可以點燃創意。班恩・波特文

（Ben Potvin）曾是加拿大體操國手，成功將自己的運動能力發展成悠長的職業生涯，擔任起世界馳名的娛樂公司太陽馬戲團（Cirque du Soleil）的表演者、總教練與創意總監。他把失敗當作「激發想像與創意的糖果店」。我在二〇一五年認識班恩，一同為菁英運動員舉辦多次的壓力應對訓練營。安迪‧沃許招募班恩、我和許多其他類型的教練，為菁英運動員和企業高層主管設計出體能、情緒與心理挑戰，在這些營隊中體驗。

班恩有精采的資歷，起初是太陽馬戲團的特技演員，後來成為劇團數千次表演的訓練者與創意總監，堪稱世上最懂得協助他人、讓他們超越一般以為是人類極限的表現。只要你曾看過太陽馬戲團的表演，就會見識到那些不斷上演、考驗體能與充滿創意的動作，讓你瞠目結舌，敬佩不已。班恩相信，這些動作是從一個讓人覺得不舒適的地方展開的。愈遠離舒適圈，就愈有成長空間。他討論到平衡與失衡之間的關係（也就是我所稱舒適與非舒適），認為這對創意來說非常關鍵。「如果你想要有創意的成長，就不能只顧著平衡。你需要離開平衡，才能找到新創意。挑戰自己。強迫自己探索新事物。強迫自己嘗試，無論喜不喜歡。創造出火花，之後找出自己喜歡什麼，並更加精進。」

吉米．林德爾（Jimmy Lindell）在海豹部隊服役時，多半是擔任狙擊手。他參與過多項任務，包括在解救貨輪船長理察．菲利普斯（Richard Phillips）的任務中擔任小組成員。二〇〇九年四月，快桅公司的阿拉巴馬號貨輪（Maersk Alabama）遭索馬利亞海盜挾持，船長菲利普斯淪為人質（二〇一三年的電影「怒海劫」〔*Captain Phillips*〕就是依此事件改編）。在加入海豹部隊之前，吉米曾在地毯與地板鋪面公司經營得有聲有色，但他從舒適圈跨出一大步，售出公司，踏上海軍生涯。

不過，這不是在說射擊、鋪地毯或BUD／S訓練有多嚴苛的軼事，而是關於挑戰舒適圈。「我一直試著踏出舒適圈。我在海豹部隊時，曾以左手練習射擊。」慣用右手的吉米告訴我。「即使到了今天，我還是沒辦法和同年紀的人一樣坐下來放鬆。我就是無法保持舒適，不會這樣。」那麼這位前海豹部隊的團隊領導怎麼離開舒適圈？唱歌。

「有一天我在開車時，聽到了冥河樂團（Styx）的曲子。」吉米說（冥河樂團是一九七〇與八〇年代的搖滾樂團）。「我根本不會唱歌，但很想試試看唱這首歌。所以，我停到路邊，全神貫注於唱這首歌，甚至用手機拍攝。我唱得有夠難聽，超好笑。我把影片傳給太太看，她笑翻了。」遠離舒適圈就是這麼簡單。把冥河樂團的曲子大聲播放出來（我推薦〈揚帆遠航〉〔Come Sail Away〕這首歌，很適合前海軍指揮官），拍一段你聲情並茂的歌唱影片，給你愛的人看。

牛奶打翻了，也不必大吼

二〇一〇年，我擔任海豹部隊西岸支隊（一、三、五、七分隊）的首席心理師。有天早上，海豹部隊的狙擊手三等士官長來敲我的門（他是海軍士兵階級第三高的士官長，僅次於一等與二等士官長。士官長對於成功與否非常重要，許多士官長會告訴你，海軍是靠他們建立起來的）。他才剛從一項為期六個月、高度「動能」（意思是有許多敵軍）的部隊中回來一個星期，就碰上家裡出了點問題。他三歲的兒子老是在餐桌上打翻牛奶。那男孩不是故意的！不過，發生了第十四或十五次時，這位海豹部隊的狙擊手在桌邊站起來，對著兒子大吼：「別再打翻牛奶。」小男孩嚇壞了，馬上哇哇大哭。男孩的母親命令她老公（也就是我門邊這位愧疚的男子），隔天早上第一件事就是來找我。

海豹部隊的士官長在部隊執勤時，會要求完美，無論是對自己或團隊都是如此。他會要求責任、警戒、專注於細節。若有疏漏失敗，很可能造成危險。一個三歲孩子的父親坐下來吃晚餐時，很可能悄悄期盼著完美，但這無非是天方夜譚。牛奶會打翻、青豆會塞進鼻孔、義大利麵條會掉到地上；食物擺在盤子裡只是個概念而已。所幸這些過失只會造成髒亂，不會有危險。不幸的是，如果把狙擊士官長的心態應用到幼兒父親身上，就會引發怒吼、哭泣，還有早上又來找波特瑞特博士。在我們的身分裡，其中一個角色十分重要的特質與期望，在另一個角色就不適用。

更近期，我和一位知名服飾公司的行銷主管諮商。她得一人分飾多角，許多讀者可能很熟悉這種情況：在公司是大型團隊的主管、有兩個孩子、當了人妻十五年，還定期熱情參與高爾夫球隊。在行銷者的角色上，她的心態是全心顧及人們如何看待他們公司的品牌，以及她和團隊能做些什麼來提升這種印象。回到家後，就把相同的心態應用到家庭與朋友身上。

「我就是停不下品牌宣傳與行銷的模式。」在諮商後幾個月，她告訴我。「我想要確定，我的家庭與孩子看起來能好好代表我家這個品牌。」她的高爾夫球友也受到類似的待遇，受不了她老是以品牌的角度來談論高爾夫球員、母親與女性，以及他們需要多想想關於品牌的事。我們持續晤談，她說，她和先生與孩子之間的氣氛愈來愈緊張。她和先生很常吵架，有部分原因是為了要在別人面前維持家庭「品牌」的壓力，讓她先生倍感挫折。先生是工程師，不太在乎別人怎麼想。

假設你是個滑雪者。你最愛的就是從雪坡上滑下來，畫出轉彎的線條，感覺冷風吹過臉上。你衣櫃裡有滿滿的裝備：雙板滑雪板、滑雪杖、冬衣，還有雙巨大笨重的雪靴。現在，假設有朋友邀你打籃球。你會穿那雙滑雪靴嗎？當然不會！打籃球（或任何非滑雪活動）穿滑雪靴，是完全錯誤的行為。

懂了嗎？這項運動是你的角色，裝備則是你的心態。若想在每一種角色中都表現優異，就需要為每個角色選擇不同的心態，並在切換角色時，有意識的轉換心態。你要脫掉滑雪靴，套上運動鞋。無論是海豹部隊的狙擊手士官長，或是行銷主管，都不知道如何把工作場所的心態轉換回家庭角色。他們是穿著雪靴打籃球。

海豹部隊士官長說完兒子早上打翻牛奶的故事之後，我們決定想個儀式，協助他在家裡轉換心態；他不想再對兒子吼叫了。我問，他會不會每天早上刷牙。會。我建議，從明天早上開始，他刷牙時看著鏡子，大聲說：「我不是在訓練、我不在部隊。我兒子三歲，他今天會打翻牛奶。兩次。」

隔天早上，士官長打電話給我，告訴我昨晚雖然兒子又打翻牛奶，但他保持冷靜。「我預期他會打翻兩次，但是沒有。」大約過了一個星期，他經過我辦公室時，拿了瓶威士忌來當禮物，他說：「博士，太神奇了：從我刷牙時對自己喊話以來，我兒子再也沒打翻過牛奶。我以為一天會打翻兩次，但完全沒發生。」（我得按捺住把威士忌打翻到桌上，看看會發生什麼事的衝動。）

我也引介了在不同角色採用不同心態的概念給那位行銷主管。我請她為每個角色的理想特質選擇幾個詞，這些詞代表著每個角色的成功要素——也就是理想的心態特質。以母親這個角色來說，她希望能成為好的傾聽者與引導者、有耐心、關愛與給予支持。身為妻子，她選擇尊重、溝通、合作、折衷與愛。至於高爾夫球友，她想到的是樂趣、運動、社交連結。而身為行銷與品牌主管的工作，她選擇的詞是注重細節、顧客滿意與持續。

接下來，我們探討轉變期的例行儀式。她把自己的角色與用詞寫進手機應用程式中，並養成習慣，在下班後或走進高爾夫球場前，先閱讀這些文字。這有助於提醒她為每個角色所選定的不同心態。她幾乎馬上就回報正面效果。她覺得自己的每個角色都扮演得更實在、快樂與成功。回顧起來，她發現自己竟讓工作心態滲透到個人生活。這位服飾專家了解，心態有點像是衣著：不同情況，可以選不同的衣著。幾個月後，我收到她先生的訊息，表達深深的謝意，感謝我挽救他們的婚姻！這說法還真直率，或許有點誇張，但的確證實在轉換各個角色時，心態跟著轉變是很有力量的。

前文談過在上場前的例行儀式，例如在球員上場前先播放一段進場音樂，開啟表演心態。在談到角色轉換時，表演後的例行儀式也一樣重要。這就像你表演完的「出口」，也就是下場時把表演時的明亮燈光調暗。你可能在上班通勤時聽一種音樂、走一條路線，但下班回家時又聽另一種音樂、走另一條路線。這種例行儀式其實就是訓練你的心智，進入正確心態。你的「轉換」例行程序究竟是什麼並不重要，重要的是，要有這個例行程序。你或許已經開始做這件事了，因此花點時間，留意自己做了什麼，之後透過書寫，把它定調成習慣。每回你進入這種心態，或是放下這種心態時，都要運用相同的例行程序。這種例行程序的專有名詞是「跨界活動」（boundary-crossing activity），也就是一個人藉由穿過各個角色（實體、情緒與時間）的界線，來進出這個角色。

海豹部隊退役軍官馬庫斯．盧崔曾告訴我關於心態轉變的精采故事。有一天，他走進某教官的辦公室。馬庫斯說：「我有幸見到的教官當中，這位大概是最凶的。他很固執、很急、超強勢，會對你大吼大叫。」那天，馬庫斯進入辦公室時，這位凶巴巴的硬漢正對著電話輕輕柔柔的說：「好喔，寶貝，我回家後會唸故事給你聽，說話算話喔。愛你唷。」

教官一看到馬庫斯，馬上轉換心態。「他總是戴墨鏡，」馬庫斯回憶，「他一看到我，就掛掉電話，頭一低，讓墨鏡剛剛好歸位，然後開始咒罵我，我以前從來沒被罵得那麼凶過！」有時候，轉換的例行程序可以很簡單，就只是戴上一副很酷的墨鏡。

愛國者VS.獵鷹

體育界時時可見到令人驚訝的賽局逆轉，但恐怕沒幾場比得上第五十一屆超級盃（Super Bowl 51，如果以國家美式足球聯盟的寫法，五十一則是「LI」）。這是二〇一七年二月五日，在休士頓由新英格蘭愛國者出戰亞特蘭大獵鷹。在第三節只剩兩分鐘時，獵鷹隊以二十八比三領先，這時，愛國者開始反攻。愛國者在第三節快結束時達陣，第四節追趕了十九分，加時賽又再度達陣，上演了超級盃史上最大逆轉勝。

愛國者精采的逆轉與獵鷹隊令人吃驚的落後，背後有許多因素：能力、運氣、疲憊、壓力、教練、戰術、裁判等。不過有個潛在因素，在賽後的旋風中沒有球員或教練承認或體認到：損失規避（loss aversion）。這是人類在面對比賽時天生的偏見，領先與其說是想贏，不如說是不想輸。我們愈接近贏，就愈擔心輸。

二〇一一年，賓州大學華頓商學院的一項研究，回顧美國職業高爾夫球協會（PGA）的球員表現，這些世界頂尖的選手面對的賽事，或許是所有運動當中心理挑戰度最高的。他們發現，如果控制其他因素，那麼專業高爾夫球員在推桿揮出 eagle（伊格，或稱老鷹）或 birdie（博蒂；小鳥）的精準度，往往不如 par（標準桿）、bogie（博忌）或者 double-bogie（雙博忌）[19]（eagle 是低於標準桿兩桿，birdie 則是低於標準桿一桿；兩者都是好的結果。bogie 則是高於標準桿一桿，double-bogie 則是高於標準桿兩桿，對頂尖選手來說都是不好的結果）。這就是損失規避在運作。球員一旦有機會透過 birdie「贏得」某個洞，或情況更好一點，那麼從數據來看，球員會稍微不那麼積極。他們不會那麼用力揮球，只想輕鬆一點，平標準桿。與其說他們想要贏，不如說他們反而會放鬆一點，確保自己不要輸。正如研究顯示：「選手要平標準桿時會投入更多注意力，避免失誤。」[20]

另一項研究也確認這種規避損失的行為。在分析球洞從標準桿五桿變成標準桿四桿，而球洞本身的實質並未改變的數據後，發現PGA高爾夫選手在球洞標示為標準桿四桿時，反而打出較低的桿數，比同一球洞標示為五桿時來得更好。這表示，球員會更努力，以避免bogie或更差的結果，而不是維持同樣的桿數。舉例來說，如果有個球員有機會揮出四桿，他在某個洞被標示成標準桿四桿時，會比標示成標準桿五桿時略略積極一些。但如果這個洞標準桿是五桿，即使多推一桿，依然可以平標準桿。特定的進洞表現如何並不會有太多影響，因為巡迴賽是在七十二個洞打完之後，桿數最低的人獲勝。然而，球員還是會在乎，即使是潛意識在乎。研究者推估，這種行為會使得球員在七十二洞的巡迴賽中損失一桿，而對頂尖球員來說，相當於每年損失一百二十萬美元的獎金！[21]

華頓商學院的高爾夫研究顯示，其結果和展望理論（prospect theory）一致。這是經濟學概念，由心理學家丹尼爾．康納曼（Daniel Kahneman）與阿莫斯．特沃斯基（Amos Tversky）在一九七九年提出，預測人們在記錄到利得（推桿得到birdie或更好的成績），會比蒙受損失（標準桿或更糟）更注意規避風險。的確，許多研究確認規避風險會影響諸多領域的佼佼者，從運動、投資到商業都是如此。人類思維通常會因為規避風險而出現偏誤，於是降低或消除損失的風險的重要性，就高於獲勝的機率。這種內在特質可能鑽進心態，帶來負面影響。

為了對抗規避風險，我們要在表現時維持穩定的心態。覺察是很好的第一步：要知道規避風險是什麼，以及這種天生偏誤會如何導致我們只想避免輸，而不是看重贏。我會請我的個案持續專注於能帶來成功的策略、行動與行為。這和海豹部隊類似，他們受到的教育是不屈不撓的專注於任務，直到任務完成。自滿是大敵。這一點被反覆灌輸，直到成為第二天性，完全抹除規避損失的內在偏誤。把腳放在油門上，直到工作完成，不要靠慣性飛翔。為了勝利全力以赴是老生常談，卻是重要的心態特質，每個我合作過的頂尖人士都會展現此特質。

心勝於體

麥克．道羅（Mike Dauro）在密西西比南部的墨西哥灣沿岸長大，後來獲得科羅拉多大學儲備軍官訓練團（ROTC）的獎學金之後，就遷往西部。在波德分校時，他加入校園中最困難的團隊：拉菲馴獸師（Ralphie Handlers）。由學生運動員團隊管理大學的吉祥物——一頭名為拉菲的水牛。他們照料這頭水牛，帶牠到許多場合。在每一場足球主場賽事時，都會陪這頭牛在場上狂奔。跟在狂奔的牛旁邊疾速奔跑是很危險的，而加入這個團隊等於幫麥克做好準備，追逐成為海豹部隊成員的夢想。

然而，整個過程並不順利簡單。麥克申請加入海豹部隊，遭拒三次，後來才申請成功。他來到BUD／S訓練時，心態很肯定。「我要達到這個目標。」他想起曾這樣告訴自己。「我一進入部隊，就毫不遲疑，一定要通過訓練，成為海豹部隊的一員。我從來沒想過要退出。」

麥克成功了，完成BUD／S訓練，進入海豹部隊，完成軍旅生涯。他從中學到最大的經驗是什麼？心態。

「你可以是體能最強健的人，但在BUD／S訓練中，你的身體、那座你視為聖殿的軀體會被摧毀。」他說。「你精心打造的美麗聖殿會被拆除。這情況發生時，你需要仰賴你脖子上的東西。只要仔細觀察訓練過程，就會發現他們低潮的時刻。如果那粒細小的沙子沒有立即排除，就會聚積成山。心理的韌性比起身體這座聖殿來得更重要。

「我們要的人選，就是要有能力在這些關鍵時刻保持堅毅，因為在出任務時，他們必須擁有永不放棄、絕不辜負隊友的心態。」

麥克有自己的一套成長心態：「我會一直評估三件事。我自己成長了嗎？我讓別人成長了嗎？我帶領團隊成長了嗎？」他回憶起在阿富汗的任務時，就採用這種心態。他和團隊成員花了將近一年的時間，在一座阿富汗村落，給予村民與部落建議，說明他們能如何合作，過更好的生活。這不是典型的戰鬥任務；這群海豹部隊成員必須與當地人合作、了解他們、取得信賴。「有些在其他村莊的同僚並不喜歡這項任務，因為他們不認為這是『三棲特戰隊』的任務。但是我的心態不同：這是我們的任務，並說明必須與誰合作的界線。接受環境，適應環境。我是這樣教導我這排士兵，並盡力以身作則。我們可以成功完成任務。我們可以在這界線內完成海豹部隊的任務。」

麥克經過海豹部隊以及跟著拉菲奔跑的洗禮，發展出成長心態，改變團隊做法。「許多人加入，是為了直接採取行動，每天晚上急著出任務。對他們來說，海豹部隊的任務就是如此。我們也會執行一些那樣的任務，但我們會是最成功的團隊，原因在於我們是以海豹部隊的心態來執行任務。能成功，是因為我們調整了心態。」

刻意進化行動方案——心態致勝

心態是一種選擇。選擇你的心態，並多多練習：

- 在你所擔綱的各種角色中，成功有哪些相關的心態特質？觀察並加以選擇。
- 「留在圈圈內」，圈內的事是你能掌控的：態度、努力與行為。透過留在圈圈內，啟動你要的心態。
- 透過態度來啟動心態時，觀察並調整你的自我對話。要有意識的以正面、合理的感知，取代負面、不理性的感受。
- 透過努力來啟動心態時，記得多付出一點。追蹤與提升你的「努力商數」：也就是你選擇付出努力而非消磨時間的頻率。
- 透過行為啟動心態時，要採取能幫助心態具體化的做法：上場前的例行儀式、日常習慣、內心與外在語言一致，與志同道合的人相伴。

- 要實踐心態，踏出舒適圈，嘗試更多風險。這樣可練習如何處理失敗、從中學習與復原。
- 在改變角色時，培養與練習轉換儀式或常規，有助於轉換心態。
- 接近成功時，提醒自己，究竟是什麼心態讓你得到這項成就。要當心人類不願意輸的傾向。

05
精進歷程

你在工作與訓練過程中所花的時間與強度才是最重要的。你不必和自己想的一樣完美，但要有積極進取的心態。

——瑞奇．希爾（Rich Hill），美國職棒大聯盟投手

海豹部隊有一項常態例行訓練——近身格鬥（Close Quarter Combat，簡稱CQC）。這種訓練正如其名，讓海豹部隊模擬進入敵方建築物時可能碰到的情況。訓練場地有如一座大迷宮，走廊、牆壁與房間的安排就像住家或辦公室。在

近身格鬥時，海豹部隊的小隊（部隊稱之為「行列」）會進入建築物與房間，目標是驅逐敵人，保護盟友。在「屋子」裡隨處都可能出現厚紙板製的人形立牌，代表好人與壞人，部隊成員必須在壓力下，做出射擊／不射擊的決定。教官或長官會依據他們的戰術、速度、精準度、分辨能力、溝通與團隊合作，給予評分。

我在西岸海豹部隊擔任首席績效心理師的歲月，得負責協助近身格鬥的進行。我從能俯瞰這棟建築的空中人行步道觀察練習，以手持裝置追蹤每位軍人的生理測量值。這有助於看出之前教導他們控制壓力反應的做法成效如何。他們荷槍實彈，對於實境真人的情境會做何反應？根據那些回饋，我會指導他們如何進行壓力管理（下一章會詳細說明）。我穿上迷彩裝與防彈衣，心裡有個信念支撐我，深信世上最優秀的士兵不會誤射他們的心理師。

回顧二〇一〇年的某一天，一支美軍盟友的特戰軍隊在近身格鬥建築附近進行訓練。訓練展開一個小時後，突然間，射擊停止，取而代之的是連串喊叫聲。有個團隊成員朝我們跑來，請醫護人員前去協助。我想一探究竟，也跟了過去。有個軍人坐在椅子上，氣呼呼的和隊友在激烈爭論。他腿上有槍傷，但看起來似乎並不痛苦：子彈從大腿進、下方一點點的膝蓋出。沒有大量失血：子彈穿入皮膚後，奇蹟般的沿著皮下組織向下穿射而出，未傷及主要肌肉或動靜脈。以槍傷來說，很難找到比這更乾淨的。不過，一定很痛。

結果這位受過高度訓練、能力非凡的士兵，是在將武器解套時，不慎射中自己。他使用的槍套是新款，和原本的略有不同，據說這正是射中自己的原因。裝備的略略改變，與他幾百個小時的肌肉與模式記憶相衝突，結果就是意外扣下扳機。他很快康復，在這過程與改變中學到重要的一課。

頂尖人士有效率、有一致性。他們依循的例行程序，幾乎包括和表現有關的一切：練習、飲食、休息、放鬆。他們專注於過程中的準備、信賴及善加發揮，從而達到優秀表現。他們了解整個流程，而不是虛應故事。最有經驗的飛行員會有一份飛行前的檢查表，這份檢查表不是記在心裡，而是寫在書面上。整個流程可以很複雜，如果不寫成文件，即使是最專業的實務人士，也可能在某個步驟疏漏或出錯。

頂尖的人會格外致力於維持一致性，只有經過深思熟慮，才會一步一步，改變流程。如果有新裝備，他們得徹底練習後才會慎重使用，因為他們必須對任何流程、例行程序與過程中的所有細微改變都具備信心之後，才會在重要時刻「上場」。射擊是活生生血淋淋的例子，說明他們完全理解任何新的例行程序或流程變動多重要，之後才能「上場」表現。無論是不同的簡報、不同的電腦、不同的地方、不同的運動器材，或不同的槍套，流程若出現任何變化，卻沒能好好練習，都可能造成惡果。例如射中自己的腿。

最關鍵的過程，能幫助頂尖人士管理時間、資訊與變化（包括設備、技巧、設計與內容、健康與體能，以及流程本身）。良好的時間管理，有助於在一天二十四小時內，比別人多做些事。而清晰的資訊處理機制，則有助於提高重要資訊的優先順序，過濾雜訊。扎實的改變過程，能幫助表現優秀者避免過度反應、做出輕率決定的錯誤。頂尖菁英會深思熟慮，持續調整與進化自己的應對流程。他們會小心管理時間，善加運用二十四小時；審慎監控資訊來源，仰賴可信的來源，忽視其他雜訊，獲得對自己與表現最好的知識；也會謹慎改變，透過數據反覆調整，不斷進化到新狀態。

這對你來說有用嗎？想像你下一回假期。你會如何規劃？可能得先研究想去的地方。一年中什麼時候最合適？屆時的天氣如何？接下來，住在哪裡最好？我或同行者在那邊要做什麼？你會研究、查看評論與文章、比價，將選擇去蕪存菁，最後完成計畫。換言之，你會經過深思熟慮的過程，獲得最佳結果：為自己與親友安排一趟美好假期。假設事到臨頭出現狀況——在另一個地方有你想參與的活動。你會拋下一切、丟掉計畫、改變目的地嗎？恐怕不會。你可能會微調行程，在某處加一天或減一天，你有條理的安排了這樣一趟精采旅程，除非發生重大事件，否則不會完全放棄。

我合作過的許多人，規劃假期的能力之強，勝過達到理想的職業或表現目標。我們的工作就是改變這一點，讓高表現的流程內化為習慣，再以良好的回饋來指引有計畫的調整。這麼一來，當我們說「信賴過程」時，他們真的會照做。

瑞奇·希爾自稱是「樂天派的孩子」，二〇〇七年，他是芝加哥小熊隊的投手，季後賽第三場對上亞利桑那響尾蛇。希爾已是老鳥級投手，我會認識他、與他合作，是因為他在二〇一六到二〇一九年擔任道奇隊的投手。他回顧那場二

○○七年的季後賽時說：「我就是很高興成為大聯盟的一員，滿腦子顧著結果，而忽略當下，忘了自己在做什麼。」瑞奇只投了四局，被打出三支安打，成了敗投。響尾蛇隊在季後賽大勝小熊隊。

瑞奇把那次輸球歸因於只專注於結果，而不是專注過程的心態。早在我們還不相識的二○一○年，他就開始改變過程。「我培養出不同強度，專注於當下、信念與信心，等待水到渠成。我盡量保持簡單。」他經常提到球從手中投出去的那一刻。這是他可以掌控的，包括投球前的每一個準備步驟。

「人人都有天分，差別在於你要做什麼讓自己更強。」瑞奇說。「比方說，你要進步百分之一。如果你比大聯盟的水準優秀百分之一，那就不得了了。你投入工作與訓練流程的時間與強度，就是關鍵所在。年輕選手往往陷入追求完美的陷阱。你不必像你所想的那麼完美，但要有積極進取的心態。」

他會對二○○七年的自己說些什麼？「提振強度、鼓起勇氣，加油。你可能什麼都做對了，最終還是不盡如人意。結果不如預期當然很糟，但如果你不加油，就會更糟。」

同樣的二十四小時

放眼世上各領域的佼佼者，他們擁有什麼是你缺乏的？也許是優異的體能與智力特質、磨練出無比的能力、強烈的個人特質（有好有壞）、個人魅力、俊美外表、名氣與好運。好、好，但真正重要的是什麼？那種對人類來說最重要的共通資產，又是什麼？是時間吧？佼佼者與你我這些凡夫俗子，擁有的時間並無差異，大家每天都有二十四小時。我知道這是老生常談：我只是在 Google 鍵入「你們都同樣有」（you have the same），Google 就熱心的完成了句子：「二十四小時，碧昂絲也是。」（24 hours as Beyoncé.）表面上看起來是如此，實則非也。碧昂絲與其他超級富有的人都有大批助手，協助處理日常事務，例如打掃、煮飯、通勤、開私人飛機到聖巴瑟米。所以，我們把這說法修改一下：「大家每天都有二十四小時，但碧昂絲以及和她一樣的有錢人例外，他們有錢幫自己買下更多時間。」大部分與我合作的人，從海豹部隊成員、運動員、企業領袖到先遣急救員和我們比較像，對平凡人來說，一天二十四小時就是真的二十四小時，而不是像碧昂絲之輩。

一天中，我們有相當長的時間在睡覺，如果遵循普遍認可的健康建議，每天大約要睡八小時。這樣就只剩十六個小時是清醒的（許多人平常睡不到八小時，少數人也許真能在長期睡眠不足的情況下維持出色表現，但最終都會在表現和其他生活中的重要層面付出代價）。

這就是你的預算：一天十六個小時。你要怎麼使用？

在與新個案合作時，我最先請他們做的其中一件事，就是與我分享每天的行程。我幾乎總能找出他們一天下來的空白時間，也就是沒有正式安排工作的空檔。每當我問起他們在這些時間做些什麼時，回答通常是，趁空處理積下來的事、健身，或是和家人聊天。

那你呢？現在就花點時間，打開你的行事曆，回顧上週的情況。把其中一天找出來，上面寫著滿滿的活動或代辦事項嗎？或者到處都有零碎的空檔？如果你和我剛開始合作的大部分個案一樣，答案應該會是後者。

你身上有皮夾嗎？把皮夾打開，拿出一疊現金，扔到垃圾桶如何？如果你沒有現金，就拿出手機的虛擬支付工具，把一筆夠讓你心疼的錢送到再也見不到的虛空之處。你就是這樣使用行事曆上的空白空間；就像把你最珍貴的資產——時間——扔掉。你不會扔掉一疊鈔票，但你會在星期三下午留下一整個小時的空白。當然，你在那段時間會**做點事**，卻會受到諸多因素左右：剛好有人打電話給你、有個吸引人的標題出現在動態牆，或剛好出現一封新電郵要處理。這其實是等著生活來告訴你什麼是重要的事。行事曆上那段空白，最後就被當下你心中覺得最重要的事填滿了。

學習卓越需懂得善加利用時間，這意味著積極選擇如何使用每一分鐘。我合作過的頂尖人才都有這種特質：擅長管理時間。雖然他們比多數人有更多事要處理，卻更擅長完成生活中各層面的事情。這很矛盾，最忙碌的人卻也最有效率。無怪乎常言道：「若想完成什麼事，就交給最忙的人。為什麼？因為他們最會管理時間。」

有廣泛的研究顯示，時間管理有效率，也有助於身體健全。二〇一七年，有一項針對這些研究的統合分析指出：「非實驗性與實驗性的研究顯示，時間管理可以改善人的生活品質、降低壓力、提升工作滿意度、改善健康的各個層面。」[1]

泰德．布朗是諾德保險經紀公司的高層主管，他告訴我，他的行事曆是「具備高績效能力的關鍵。我每天早上出門前，知道這天要做什麼。我會以相同格式，規劃每週、每月以及每年。每週都有節奏。舉例來說，星期一就是讓我和團隊都動起來。星期二到四設定為積極向前，星期五則是把事情做個總結收尾。我的日子也有節奏。我醒來，冥想十分鐘，出門運動。回到家後和孩子一起做早餐，送他們上學。接著沖澡，把水溫調到最冷，沖個五分鐘，這樣能刺激大腦，讓我思路清晰。我重複心法，釐清我想要變成什麼樣的人、我是誰、在服務誰。我最適合思考的時間在早上，因此會把與客戶見面、準備工作或是和領導相關的計畫都排在早上。中午是與團隊會面的好時機，下午則是處理實際業務。」

泰德的時間管理體系是我在海軍時想出來的，當時與海豹部隊以及許多頂尖人士共事。我會開車上班，有點匆忙，擔心車流。突然間，我意識到，所有與我共事的佼佼者都善於管理時間。他們睡眠充足，但似乎仍比大多數人有更多時間，彷彿從未受困在車流中感受到壓力與焦慮。我決定善加利用我的二十四小時，建立自己的系統。所以，現在我每個星期天晚上會準備好行事曆，看接下來十天的情況。我會看看空白處，填上工作或活動，也就是我重視的事情。我發現，在安排接下來的計畫時，十天是很適當的時間長度。我知道接下來一週半的優先順序，而如果行事曆上有空檔，我也知道如何填滿。這時不一定要太有野心，你會在我的行事曆看見一些「回電郵」的空間。同樣的，也有冥想、思考與處理管理任務或查看新聞的時間。重點在於把這些事情寫下來，有意識的把時間填滿；別忘了，如果把事情寫下來，就比較可能完成。每個星期天，把要做的事情填到空檔時段。

但生活總有意料之外的事情，對吧？任何行事曆系統都需要有彈性。我會使用顏色編碼來解決。星期天查閱行事曆時，我會先填滿空檔時段，之後回頭看每天的安排，確保每個時段都有顏色標示，可能是綠色、黃色或紅色。綠色的事比較有彈性，若是有比較重要的事情冒出來，就把標示成綠色的事挪到別日或甚至取消。標黃色的事件也算有彈性，但如果不是非改不可，我就不會去變動。如果某件事標示紅色，基本上就是神聖大事，別的事冒出來大概也無法取代此事的優先性。綠色可能是行政事務、例行會議與規劃時間，或者（對我來說，唉）運動鍛鍊。至於黃色，則是例行的看醫師或牙醫門診、內部會議、朋友中午聚餐。紅色可能是週年紀念、生日晚餐、與個案會面，或忙著準時完成一項關鍵計畫。每個時段的顏色以及如何利用，完全視主觀需求而定。

我的系統想必不是革命性的創新。或許還有許多不同的系統，但一樣都很好。可惜，比較不好的做法，反而很多人使用。或許泰德・布朗的話有一點點誇張：「空檔時段就是死亡」；許多人行事曆上一堆空白，也好端端的活到老。不過，也只是好一點點：空檔時段可能導致拖延或浪費時間，如此可能有礙表現。

現在，可能很多人都點點頭。艾瑞克，你說的沒錯，我要馬上寫行事曆，把那些空檔時段填滿。但也有人在想，我就是喜歡空檔時段！這樣可以讓我做事、放鬆，或者鬼混。我才不想把時間填滿。我想要擁有行事曆，而不是行事曆擁有我。

我會說，可以啊！你還是可以有很多時間閒晃、看影片、閱讀，或是浪費時間做些有趣、不用大腦的事情。事實上，如果你刻意安排，還會有更多時間做這些事情呢！把這些事寫到行事曆上，當成選擇。這樣也能確保自己記得去做該做的事，不然可能就忘了。為了幫助大家克服這種拘束感，或許我一開始應該說，把一部分空檔時段填滿即可，留下一些不要填。等他們看到這樣多麼有用，就會全部填滿了。

另一個大家會有的問題是，如何處理突然冒出又無法迴避的事。在電腦程式設計界，中斷驅動（interrupt-driven）系統就是系統的某個元件發出訊號給另一個，讓它知道要完成些什麼，或它已完成一項要求的任務。收到訊號的元件可能暫停原本的事，處理那項要求。基本上，就是一個元件打斷另一個，讓它放下原本的事，予以注意。

人類也會被中斷驅動。我們可能正在處理某件事，但很容易因為其他冒出來的事情而分心——什麼事都可能。我們就像電影「天外奇蹟」（*Up*）裡，狗兒小逗（Dug）看到松鼠時一樣。你可能本來在做某件事，後來出現了另一件事（松鼠！），而中斷你正流暢處理的事。你沒有忽視這個打斷你的情況，反而在那一刻，把它當成優先事項。

我的色彩標示系統能妥善處理中斷，因為當你收到中斷的訊息時，你已經把時段的優先順序排好了。如果是綠色時段的約會呢？可以中斷。黃色或紅色？恐怕不行，但是你可以在今天或這個星期找個時間處理。沒有哪個系統是完美的，通常你需要的是做個決定。若打斷你計畫的是老闆，你更動看牙醫的時間值得嗎？是。錯過孩子的慶生派對值得嗎？你自己決定，但是對我來說，答案是不值得。無論你如何安排事情的優先順序，有個「刻意安排」的行事曆能給你框架，管理無可避免的中斷，你就更能掌控這些事情。

說到中斷的情況發生、該如何排列優先順序時，艾力克斯・克隆加德（Alex Krongard）曾提出很有用的比喻。艾力克斯是退役的海軍少將，三十一年的軍旅生涯大都是在海豹部隊度過，也曾擔任海豹部隊第七分隊的司令，當過美國國家安全委員會委員。當我們談到該如何管理時間時，艾力克斯以船當作比喻，那是他從父親那裡學來的。船身有洞嗎？是在吃水線上方或下方？如果在吃水線上方，表示船沒有立即沉沒的風險。但如果在吃水線下方，就該開始排水。如果有事情出現在艾力克斯面前，他就會這樣測試：是在吃水線上方或下方？如果是上方，就有時間餘裕。如果你在綠色時段，就有時間好好處理。黃色或紅色，恐怕沒有時間。如果打斷你的事情是在吃水線下，就得立刻處理。結果發現，在吃水線下的事情其實並不多見。

該如何畫線，這得回歸到第三章討論的目標設定過程。當我在星期天晚上查看行事曆時，一定會把目標記在心中。我在接下來十天想要完成什麼事？近期的目標已經擱在心上，不會在別的地方，但是許多我輔導過的專業人士會在行事曆寫下來。舉例來說，張勝（Victor Zhang）在大型全球資產管理公司美國世紀投資（American Century Investments）擔任投資長與資深副總。他有張表單上寫著未來一個月、三個月與六個月的目標，這些目標涵蓋生活的所有層面：工作、健康、家庭、靈性、嗜好與朋友。他在寫行事曆與未來計畫時，會參考這張表單。他說，「我每個星期會花點時間，規劃現在我該做的事、該授權給別人做的事，還有之後該做，或是永遠都別碰的事。」張勝進一步說明他的目標與規畫：「我有兩本筆記本，一本是公事，一本是私事。我會用這兩本筆記本追蹤我得做的短期目標。我喜歡在實體的本子上畫掉待辦事項的感覺。」

聽起來或許違反直覺，但是諸如泰德、艾力克斯與張勝等各領域的佼佼者，在時間管理上很有紀律的方法，最後都能減輕壓力。我發現，一旦我在星期天晚上檢視過行事曆，就能放鬆；事實上，我也在行事曆上安排好了這一項！我不會因為接下來必須做多少事情而覺得受不了，因為我知道，在接下來的一週半，能把時間效益發揮到最大。當我早上醒來時，就沒有那麼多決定要做，因為我已知道這天要做些什麼，以及如何利用時間。事情出現時，沒什麼大不了；我已知道該以什麼過程來反應與調整，這樣就不會因為雞毛蒜皮的小事，而無法專注於大事。我安排好照顧自己與家庭的時間，並享受著精心打理的生活。這些加總起來，就我觀察，我從容平靜的程度似乎讓許多人望塵莫及。

咖啡師的考驗

幾年前，我輔導一位知名的運動員，電視上常轉播他參與的賽事。過去幾場比賽，他的表現不是很好，但就算是最優秀的運動員，這種情況也不罕見。在這次低潮期的某天早上，個案剛好去附近一家喜歡的咖啡店，想外帶一杯咖啡再去練習。這時，咖啡師認出他來。到目前為止，還沒什麼怪事發生。

但接下來，咖啡師開始診斷起他近期的表現問題。原來這位咖啡師以前也是運動員，高中時曾和我的個案進行一樣的運動，這樣似乎就足以讓他成為專家了。他最近在電視上看見我的個案，就自認為知道問題究竟在哪裡。我的個案付了錢，等著取咖啡時，咖啡師就告訴他該採取哪些不同的做法。腳應該站這裡、應該要那樣開始移動……你的拿鐵好了，祝你有個美好的一天！

後來，我的個案上了車，繼續前往練習場。他在想咖啡師說的話，可說是念念不忘。開始練習時，他衝到教練身邊，堅持他的技巧要這樣改、那樣改，現在就改！咖啡師說的是對的！這樣可以讓他走出表現的低潮。所幸腦袋比較清醒的人還是贏了。要檢視與調整頂尖人士的技巧，必須仰賴夠格的來源提供數據與見解。這位咖啡師不是專家；一個高中曾參加過校隊的成員，沒有資格告訴世界級運動員該如何改變打法。而且對方的想法是依據很少的觀察樣本得來的。我昨晚看了你的表現，所以就根據所見，指正你該如何大幅改變打法？這樣恐怕稱不上是好計畫。

教練告訴我的個案其他資訊，包括影片、數據、分析、他們已嘗試過的事情，提醒他要信賴他們的付出，而不是咖啡師。不久之後，我的個案就回歸正常，比賽表現比以往更上層樓。

（幫那位咖啡師說句公道話：或許他在工作上一直碰到旁人不斷指教。咖啡不要沖那麼燙、奶泡多一點……哎呀，不要那麼多、少放點糖、多一點糖漿。你去附近的星巴克待一會兒，就會聽到**一大堆**指教。那些指教還算是有理，畢竟顧客可能比咖啡師知道自己的口味。不過，聽起來應該覺得很疲累。）

我合作過的各領域菁英都會設定一套流程，遵循一定的例行公事，以精進自己的能力與職涯。這流程能協助他們管理自己的練習、訓練、營養、學習、關係、旅行、溝通……幾乎涵蓋生活中的每個部分。你沒有不同：你也是個力求表現的人，有需要依循的常規，才能追求極致表現。多數人（包括與我合作過的諸多世界一流人士）會先從不同的資源來打造一套流程。他們可能在高中時建立起練習的常規，在大學時建立起讀書常規，或在第一份工作建立起常規。這或許是精心打造的流程，靠著多年經驗累積而成，也可能是隨興提出。當你就這樣過著自己的生活時——誰知道呢？——就建立起自己的日常慣例。或許不是刻意安排，但就是存在：這套過程就是你在上場前、表現時與執行後的步驟。我不用告訴你或與我合作的任何人應該建立自己的流程，因為你們早就有了。我們現在要做的，是決定如何改善這個順序，以提升成果。

我告訴個案，要信賴過程——你會常聽到表現頂尖的人這樣說。順著這個流程做，結果就會自己出現。只是，過程不是靜態的；要達到最好的表現，需要持續重複。依循流程、追蹤結果，學著調整、重複。

要能做好這一點，需要好的資訊來源，但當今雜訊比以往都大。以科學與工程術語來說，現在我們的訊噪比（signal-to-noise ratio）很低。網際網路讓無數人得以發聲，而手機與其他裝置幾乎一天二十四小時，不斷把嘈雜的意見送到我們手中。所以要調整流程、不斷改善的第一步，就是思索何種資訊來源可以信賴（訊號）、哪些可以忽略（雜訊）。可信賴的來源應該**通過檢驗**，有足夠的專業與經驗，並把你的利益放在第一優先。而且，他們給的回饋是有扎實的證據，顯示其**有效性**。

不妨聽他的

彼特．納夏克在美國海軍海豹部隊服役時，曾在全球各地移防。有一次派駐到伊拉克，他看見一位同袍和經驗豐富的伊拉克盟友說話。這位年輕的海豹部隊軍人給了這位伊拉克人一串指令，但伊拉克人努力解釋，為什麼在這特定情況下，有些指令行不通。彼特過去查看對話狀況，只見雙方吵得面紅耳赤。「這位海豹部隊成員是新來的，剛部署到這裡，」彼特回憶道，「我問，你在這裡參與過多少任務？實際參戰幾次？答案是沒有。然後，我問伊拉克人，他說他已進行大約兩百次任務。所以我告訴這位年輕的海豹部隊成員，你不妨聽他的吧，他應該知道自己在說什麼。」

雖然彼特的用詞可能不是這樣，但他的原則是迅速過濾資訊。他快速統整情況，判斷伊拉克軍人是老鳥，經驗豐富得多，因此怎麼看，都比經驗相對少的美國人是更禁得起考驗的有效資訊來源。「每項任務都不同，」彼特說，「你必須謹慎使用框架模板。你的思考必須超越訓練，理解實際環境。後退一步、傾聽、觀察、留意與學習真正的情況。我會試著詢問過去發生的事，這樣能讓我建立起理解框架。我會問許多問題，就能知道誰比較了解現實狀況。」這就是每一趟任務開始時彼特的標準做法：他會主動尋找與過濾資訊來源，判斷應該仰賴誰。這位經驗老到的伊拉克軍人就是一例。

頂尖人士會建立一張信任地圖，涵蓋所有能取得的資訊來源。其實不光是表現頂尖的人，大家都會。你會信賴的新聞來源包括：全國公共廣播電台、《華爾街日報》、福斯新聞、BBC、半島電視台、CNN、社群媒體網紅、喜歡的部落格、YouTube 頻道或 Podcast、地方新聞網站。還有一些是你不會信賴的：例如不知從哪冒出的點閱連結，裡頭還有你根本不想聽的情色故事（但有時還是會點閱）。這可以統稱為媒體飲食（media diet），也就是我們所攝取的整套資訊與娛樂，而就像任何飲食一樣，有些對人有好處，有些則沒有。人人都有意見：無論是媒體（社群媒體與傳統媒體）、網站與你的親友、團隊成員或咖啡師。而訣竅就在於分辨哪些資訊經過驗證，哪些沒有。想想看，你在哪裡得到良好、可靠的回饋？你會定期收到嗎？

從你會傾聽的人開始。你檢驗過誰能提供你可靠的資訊？以下標準可供思考：

- **忠誠**：在你起起伏伏時，始終助你邁向成功。他們或許有自己的目的。比如說，如果你成功，你的上司會搭順風車，但好的上司會同樣（或更加）致力於讓你更好（有個思考實驗：如果在你目前的角色或公司之外，有個大好機會出現，你的上司會支持你爭取這個機會嗎？如果會，那他就是站在你這邊的人）。
- **誠實**：他們會從自己的觀點告訴你實話，而不只是講你想聽的話嗎？有時候他們會以逆耳忠言傳達關愛。
- **認知**：很懂得如何解讀你。他們會看出你的表現與人格的細微之處，了解到你人生更全面的樣貌。
- **挑戰**：在身體、精神與理智上敦促你。

看過這些標準後，你或許認為，集結出這麼一套禁得起考驗的來源並不容易。我得找一整個團隊的人，不僅忠心、誠實，還得具備這領域的專業？這對於運動員來說是理所當然，他們從青少年時期，就能接觸到專業教練。但是對於其他人來說，難度就高了些。有一種做法，是聘雇專業人士，成為你可靠的資訊來源，例如私人教練或高階主管教練。我也建議大家從自己的領域中找出導師，也就是這個領域的專家，他可能認識你，知道你過往的實績。前同事或現在的同事或許也是好的起點；平時和同事共進午餐的時間，可能變成較正式的同儕教練關係，你們可以給彼此建議與幫助。此外，商業團體與論壇也是，這裡的成員可能碰過和你類似的經驗與挑戰。

當你在組成你的教練、導師、可信賴的親友團隊時，要讓他們知道託付給他們的責任。提醒他們，他們扮演的是你信賴的教練，請他們給你所需要的資訊。對某些人（教練、主管）來說，這是他們的職責所在。對於其他人（朋友、家人、導師）來說，可能得不時告訴他們，你重視與需要他們誠實的看法。別害怕這件事！雖然我們都認識毫不猶豫便提供誠實意見的人，但更可能認識會不知如何開口的人。一旦你確認過值得信賴的來源，要常請他們誠實提供意見。如果他們只會讚美與同意，那就幫不了你。

我們也有大量的媒體來源。哪些資訊來源可以信賴？在檢視人的時候，也要採用相同標準：忠誠、誠實、專業與懂得挑戰。詢問你檢視的來源（人）讀什麼、信任什麼，可能也有幫助。問問自己，哪些來源讓你覺得心癢癢的想學習？定期檢視你的媒體來源，刪除那些浪費你時間、提供的雜訊比資訊還多的社群媒體。

多數人已有一套過日子的程序，也有一套提供意見的來源網路。就像他們的日常慣例，這些網路通常會有機演變，沒有大量的思想與意圖。花點時間檢視（或再檢視）你的資訊來源，評估你信賴的程度。其所提供的資訊能帶來力量，讓你持續提升。

即使資訊來源是經過檢視，但其所提供的回饋仍可能是無效的。你的父母可能比任何人都了解你，或許認為沒有任何事情比你的幸福快樂更重要，也會毫無條件的給你幸福快樂。但是，你約會時，會請求他們給點建議嗎？或者給你一些想法，讓你簡報更能吸引人注意？他們是很棒、高度篩選過的資訊來源，但是他們給你的愛情冒險與簡報工作建議，可能沒什麼用。當他們說，你上一任男女朋友看起來不錯，你怎麼還不結婚生子時，他們的回饋並不是來自證據或專業，而是想抱孫的願望。

這種情況在表現後（與約會後）的回饋尤其常見。這時大家情緒高昂，意見會到處流動，所以你過濾過的資訊來源更可能會帶來無用的回饋。要小心這一點！確定他們提供的回饋是來自證據（他們看過你的表現，對於結果有直接認知）與專業（他們知道自己在說什麼）。這也可以應用到自我評估。在執行完一件事之後，負面的自我對話可能達到顛峰（一大堆「早知道就該……」），因此這可能不是客觀分析究竟發生什麼事的最佳時間點。我合作過的多數表現頂尖者，在上場表現後，都會有一套反思的流程，以評估自己的表現。他們會安排一段時間，通常是在表現結束情緒已經沉澱，但細節記憶猶新時，並確保腦中的自我對話安靜下來，才開始評估。

艾力克斯・梅爾斯（Alex Myers）是個專業電競選手，也是紅牛隊的前運動員。他最拿手的遊戲是「快打旋風」——沒錯，就是街頭打鬥的遊戲。童年時，媽媽送他一台遊戲機，於是他就愛上電玩，十幾歲開始當選手。現在，除了擔任人才仲介的正職之外，他也在世界各地到處比賽，他說這是「給別人一點顏色瞧瞧」（我假定他的意思是數位的。他人太好了，不可能真正在街頭鬧事）。我是在壓力應對訓練營認識艾力克斯的，之後不久就和他合作。他正經歷某種肌腱炎，想盡快回歸訓練與上場表現。

在合作之前，艾力克斯說，在每一場比賽後，「我不喜歡回顧細節或研究比賽錄影，覺得彷彿重溫不好的回憶。我真的有心理障礙。」他對自己的表現有一定的認知，但那並不是有效的回饋。他給自己的回饋多半是情緒性的（對失分憤怒），而不是證據（分析，或思考發生過程）。我們努力解決這件事，如今，艾力克斯完成比賽之後，他會按照一套流程來分析自己的表現。「我會休息一下喘口氣，再開始回顧比賽。等我可以冷靜思考，就會試著分析我是**如何**輸了（或贏了），而不是只糾結於**為何**輸。『為何』會讓人很情緒化，『如何』則讓我可以不帶情緒的拆解過程，這樣就能從中學習。」

潘妮洛普．帕米斯（Penelope Parmes）是退休的破產管理律師、國際標準舞世界冠軍，很熱中於視覺化的練習，早在我們合作之前，她就在實踐這項技巧了。她將視覺化做為賽後分析的一部分。舉例來說，有一回她和舞伴在舞蹈比賽排第三名。「我不服氣，」她告訴我，「因為我自認比排名在我前面的參賽者要好（或可能更好）。我覺得洩氣。在接下來的回合，我觀察他們如何跳舞，試著辨識他們做了哪些我沒做的事。接著，我在腦中回顧自己怎麼跳舞，後退一步，以第三方視角來觀察自己，比較我的表演與他們的。這樣我就能知道自己做了什麼、沒做什麼，以及他們為何跳得比我好。」這個過程比艾力克斯的更複雜，但目的相同。在表演之後，最好的回饋來源之一就是你自己，但首先，你需要採取步驟，確保自己的回饋是有效的，有客觀證據指引，而不是情緒性的自我對話。

何時改變

專業寬板滑水（wakeboarding）這項運動，比每到週末在你家附近湖泊或潟湖看到的滑水強度更高、更講究運動能力。小艇會以四十公里的時速拖拉專業運動員，而他們穿過尾波、開始展現運動技巧時，需要加速到兩倍。接著他們躍起，在空中完成兩圈空翻、多次旋轉，還有各種高難度的動作，然後在重力作用下回到水面，期盼能站回滑板上，而不是像職業滑水者麥克・道迪（Mike Dowdy）所言，「臉栽進宛如水泥的地方。」麥克小時候隨著家人搬過幾次家，年少時在聖路易初次接觸滑水，到密西根時則開始認真練習。十六歲時，他決定自己前往佛羅里達州的奧蘭多，追尋專業滑水生涯。

麥克和我是二〇一六年開始合作。當時的麥克表現並不一致。就像多數的執行者，他有一套流程，但他說：「我在準備時沒有節奏或理由，就只是努力訓練，如果比賽結果不理想，我就會變來變去。我不知道為什麼，就是認為得改變。」

因此當麥克與我合作之後，就建立一套流程，堅持執行到底。我幫助麥克更專注於他花多少時間，並在行事曆上填滿心理與身體方面的準備時段。我們會設定與追蹤每週目標，這並不是依照結果（他的比賽結果如何），而是依照流程（他練習了多少、遵守行事曆的程度），並辨識經過檢驗、有效的資訊來源（教練、家人），同時過濾掉其他來源（社群媒體）。麥克的輸贏並不重要：他就是依循這個過程。「運動員是要做事的人，」他說，「我們永遠需要有事可做，因此每天的整體安排就變得很重要。我會設定就寢與起床的時間，安排呼吸練習的時段。要是少了這樣規律的安排，大概就會陷在瑣碎細節當中，迷失方向。如果有行事的慣例，就是我最穩定的時候。」

我經常告訴個案，若要更上層樓，要分清楚業餘者會專注於結果，而專業人士則把目標放在過程。專注過程的意思是，要審慎、有系統的評估與調整過程，並深信日後會有正面結果。我們起初合作時，麥克對過程的重視不如對結果的重視。如果他輸了比賽，或是動作失誤，他就隨意調整例行程序，希望事情會好轉。

說句公道話，麥克就只是流露人性而已。以多數人的天性來說，在衡量一項決定或表現究竟好不好時，是看成果，而不是看背後的過程。我們理性上都知道，有時候你什麼都做對了，但結果還是不如理想。良好甚至很優秀的過程，有時還是產生不好的結果。但那又怎樣？我沒做好，一定是我們做法不對。這種結果偏誤（有時稱為「結果論」），在不同的決定與過程中屢見不鮮。[2]

我們很容易傾向於「可得性偏誤」（availability bias）：傾向於仰賴最現成可得的資訊。[3]近因偏誤（recency bias）就是其中一種型態，因為最近的結果通常比較容易取得。舉例來說，二〇二一年，一項針對二〇〇三年到二〇一七年美國國家美式足球聯盟下注者的研究發現，在下注時，他們不僅會高估最近球賽的重要性，而且如果比賽勝負差距愈大，下注者的反應就愈誇張。[4]

接下來是行動偏誤（action bias）。我們總覺得非做點什麼不可，什麼都好，即使什麼都不做可能才是上策。有個經典例子可說明這種偏誤：足球門將試圖撲救點球。如果守方犯規，例如在禁區（球門前畫出的方框區域）拉扯、妨礙對手，或是以手觸球，裁判就會判罰點球（即十二碼罰球）。這也是在雙方平手時決定勝負的做法，正如前文提過卡莉．勞埃德的小故事。足球就放在距離球門約十一公尺的球場中央，而進攻球員把球往前踢，只有門將能防守。在職業等級，點球成功率很高：大約有百分之七十五的點球能得分。

罰點球時，踢球的球員可以助跑起腳，但門將必須等球被踢出後才能移動。也就是說，在職業比賽中，球被踢出來的速度之快，門將根本沒時間判讀並反應球的方向。等他們看出來，球早就飛過他們了。所以，門將得做個決定：猜測球會往哪邊踢，球員腳碰觸球的瞬間就往那邊撲去。或者，也可以站著不動。數據模型顯示，後者是比較好的策略：就在球門中央的位置，從那邊設法擋下球。舉例來說，有一項研究如此結論：「在世界各地頂尖聯盟與冠軍賽中，分析了兩百八十六次點球，結果顯示，從踢球角度的分布機率來看，門將最好的策略是站在球門中央。」[5]

不過，鮮少有門將這樣做。他們幾乎都會預先判斷球的方向，然後撲向左邊或右邊。這成為門將的常規，因為他們會有行為偏誤：他們相信，猜測與撲球比站著不動好，即使和研究結果恰恰相反。

把這些因素加總起來——結果偏誤、可得性偏誤與行為偏誤——就會看出人類在事情不如意時採取行動的強烈傾向。聽聽任何一個體育談話節目，你就會明白我的意思。這些節目充斥著一大堆人對先前比賽的快速反應。如果某球員表現糟糕，就把他換下來！他們又常引用教練的話，教練總說要鎮定、連續、一致，要講究過程。這些未經檢驗、無效、情緒化的來源會嚷著要改變；專業人士則選擇信賴過程（這些不經思考的反應通常被稱為「星期一早晨的四分衛」〔Monday morning quarterbacks，指那些週末看了球賽，週一早上就在辦公室或廣播中對比賽發表意見、說風涼話的人〕。這是一九三一年哈佛大學足球隊明星貝瑞．伍德〔Barry Wood〕發明的詞。伍德當然也是四分衛[6]）。

人在遭逢困難、工作或其他講究績效的領域表現不佳時，會有強烈誘惑，想要改變。然而正確的解決方式其實是**按兵不動**，至少不是馬上行動。這時反而應該建立與諮詢有實證依據的回饋機制，從教練與自身蒐集關於這次表現的資訊。但要確保那是有效的資訊：讓自己的情緒冷靜下來，才能更客觀的看待情況，只聽你檢驗過的教練所說的話（別聽咖啡師！）。檢驗你的過程與結果：在業務拜訪之前，你怎麼準備？在會議時，該如何報告？結果如何？只有完成這樣的分析，才能思考過程中的哪些層面應該更動。

如果決定要改變，則一次一個步驟。或許有人覺得全部打掉重練比較好，其實從零開始鮮少能稱為上策。相對的，應該單獨挑出過程中的一兩個元素來著手，看看結果如何。如果你烤巧克力蛋糕，烤出來卻滿失敗的。你不會同時更動材料、烘焙溫度，還有烘焙時間，這樣蛋糕要烤好就成了奢望。較聰明的方法是調整其中一兩項，蒐集更多資料，再重做一次。

你在思考改變時，別忘了，做了正確的事之後，未必能改變任何情況。出色的表現與低潮都會結束，表現會自然回歸到平均值。糟糕的結果可能來自良好的過程。表現不佳的人會對糟糕的結果有反應，但優秀的執行者不會。陳巍在二〇二二年冬奧男子長曲暖身時，犯了幾個錯誤。以前的陳巍在碰到這些失誤時，可能會立刻做出改變，更換曲目，或在比賽時過度專注於曲目中那幾個特殊的地方。但新的陳巍會將之拋諸腦後，一如既往堅持自己的步驟。他的心態已完全改變。這些錯誤不再值得焦慮或過度反應。他知道那是少見的情況，甚至慶幸那已成為過去式。

表現頂尖的人有個特色：一致性。他們對於改變又愛又恨。愛，是因為他們一直想要改善，而改變可能是改善的催化劑。討厭，是因為過程無比重要，任何改變都必須謹慎處理。要改變過程，必須嚴肅以待，只以經過檢視的有效資訊來源當成基礎，排除人類天生的結果偏誤所產生的情緒，且通常會循序漸進，一次改變一項，避免一口氣翻天覆地。

我想起釣客。當他們計劃要去某個地方或河流釣魚時，通常會先做點研究，看看魚在哪裡咬餌，該使用什麼餌料或擬餌。他們抵達水濱時，會有一套流程：觀察水域、選擇地點、挑選餌料或擬餌，然後下竿一試。花點時間試個幾次，若發現沒用，就調整其中一項因素，可能是地點、餌料或其他原因。變動其中一項因素後再試試看，然後再改變。聽起來既緩慢且令人洩氣；釣魚可不是人人做得來的！但高手就會這樣做。他們會謹遵過程，小心改變。耐性很重要。勝利的過程不可能一夜之間就冒出來。

將失敗化為轉機

德瑞克．沃克（Derrick Walker）是成功人士，但也曾飽嘗失敗。他在底特律長大，父親是工程師，母親是社工。他高中時對體育很在行，音樂表現也很好。他大學時展現出眾的棒球球技，於亞利桑那響尾蛇選秀時獲得青睞，在小聯盟體系打了四年後被釋出。後來，他加入先鋒聯盟（Pioneer League，獨立聯盟）的洛克福河鷹隊（Rockford Riverhawks），隔年春訓結束時，掛起手套和釘鞋。第一個失敗。

沃克決定試試軍旅生涯。他加入美國海軍，嘗試進入海豹部隊。他在BUD／S表現不錯，通過訓練計畫中最困難的地獄週。但後來，沃克在BUD／S第二階段的水上訓練碰上困難，被迫退出。他沒辦法加入海豹部隊。第二個失敗。

沃克重新調整步伐，取得企管碩士學位，在Nike與美國全國保險公司（Nationwide）擔任財務部門的高階主管，事業相當風光。我們在二〇二二年開始合作，而我很快發現，沃克這人恰好是個好榜樣，會把失敗當作機會，學習與培養決策與心態。當我問起這些經歷時，他並不稱之為失敗，而是「轉折」。不過，並不總是這樣。「我被響尾蛇隊釋出時，難過得涕淚縱橫。我不停自問，接下來如何是好？」

他就是在這個時候，琢磨起失敗過程。首先，從反思開始。「我總是在思考自己正在做的事，以及還能有什麼不同做法。當時我一心想成為大聯盟球員，沒考慮過其他選項。於是我開始回想自己最喜歡棒球的哪些部分。我喜歡身處在團隊中，喜歡那種團隊情誼。我喜歡棒球這項『從失敗中學習』的運動，也喜歡它所培養出的堅毅心態。我想，我可以從軍隊中獲得這一切。後來在海軍時，心理韌性、理解如何處理挑戰，加上服務國家的想法，變得愈來愈吸引我。後來我轉而把這些能力發揮在學術界及工作環境。我對自己的學習能力愈來愈有信心。」

從職棒、海軍、研究所到企業界的旅程，沃克發展出一套將失敗化為轉機的流程。首先，他將失敗重新定義為轉機，剖析導致失敗的經歷，反思其中有價值、感到受用的部分，以及可從中學到什麼。接著，他會尋找下一步：哪裡可以重現那些讓他受用的部分，並運用從中學到的東西。這是很簡單有力的絕佳策略。當你失敗時，有系統的列出這次經驗中的正面要素和學到的教訓，然後換個舞台，或再試一次。這樣，你就永遠不會失敗，只是換個發展方向。

牆上的寬板滑水板

二〇一六年職業寬板滑水巡迴賽（2016 Pro Wakeboarding Tour）決賽，於八月七日在印第安那州的印第安那波利斯舉辦。麥克・道迪在賽前一天傳了簡訊給我：我覺得很棒……我把這星期安排的事都做了，一直保持一致的習慣。我要遵循計畫，全力以赴。隔天下午，我收到一張他在頒獎台上開香檳的照片。感謝你這一年來的協助。我成功了，得到世界冠軍！

麥克有卓越的天分。我們合作之初就很明顯。他全力以赴，追求成功。我們一起建立流程：管理時間的架構、一套值得信賴的資訊來源，以及培養紀律，無論結果如何，都要維持日常慣例的一致性。在麥克獲得冠軍頭銜後的幾天，有個包裹送到我家，是他贏得冠軍時所使用的滑水板，那真是美妙的謝禮。現在這滑水板就掛在我辦公桌上方的牆面。那張寬板滑水板見證了過程的力量。

刻意進化行動方案——精進歷程

表現優異的人相信，若過程中能保持一致，可帶來最好的結果。要做到這一點：

- 善用每天的二十四小時。以週為單位，花點時間專心安排接下來十天行事曆上每小時的計畫，依活動的重要性與彈性，把每個時段設定為綠色、黃色或紅色。
- 要改善過程，首先要辨識出你採納的資訊來源。可信賴來源必須經過檢視，確保有效。其他的則予以忽略。
- 依據忠誠、誠實、挑戰性，以及對你的細微差異與個人特質的熟悉程度，來篩選與檢視資訊來源。看看資訊具備何種證據，以檢視其所提供的回饋可信度。
- 謹慎調整你的流程。只根據經過驗證且有效的資訊做出改變，並採取漸進方式，一次只變動一兩項，再觀察效果如何。
- 擬好明確的失敗應對流程，確保能從中學習並順利轉向下一步（包括再次嘗試）。

06 逆境韌性

要他們站上舞台，表演單口喜劇，反應可就不同了。

——安迪・沃許，人力績效專家

二〇一六年初，我的朋友與同事安迪・沃許打電話來，給了我一項建議。安迪是紅牛八百五十位運動員與藝術家的高績效總監（職稱很酷吧），負責研擬與實行各種辦法，讓各領域的世界級菁英突破人類表現的極限。安迪是個親切的澳洲人，在加入紅牛的陣容之前，曾在澳洲體育學院（Australian Institute of Sport）

與美國滑雪隊擔任類似角色。他的事業是幫助最優秀的人才更上層樓，主要是把這些人推出舒適圈之外，協助他們發揮潛能。

幾年前，安迪邀我加入他在紅牛建立的超天才團隊。在經過海軍長官同意之後，我以外派人員身分參與，這個團隊的成員包括來自各領域的專家（營養、肌力訓練與調整、物理治療、教練等等）。除了與個別運動員合作，改善其表現，我也要幫紅牛籌備諸多訓練營。多數訓練營是協助運動員精進運動能力：滑雪、大浪衝浪、越野機車等等。不過，我們每年都會集結各領域的運動與藝術好手，來到「御寶」（crown jewel）營隊，也就是壓力應對訓練營，目標是幫助這些世界級運動員學會在高壓情境中發揮實力，抵抗壓力帶來的影響。

理論上是讓他們暴露在輕度的挫折、壓力或不適的狀況，觀察他們如何回應，並教他們如何改善這些情況。這些練習會幫助他們在面對競爭壓力時（以及某些運動中面臨生存考驗時）表現得更好。這種做法稱為「壓力免疫療法」（Stress Inoculation Therapy），起初是由唐諾・梅琴包姆博士（Dr. Donald Meichenbaum）提出的。他把這過程分成三階段：教育（學習壓力情境與人類反應的性質）、能力訓練（教導應對能力）與應用（引進壓力源，並練習回應）。梅琴包姆的研究說明，「壓力免疫療法」對於各式各樣的壓力源都有效，包括焦慮、憤怒與痛苦。[1]這就有點類似壓力的流感疫苗：給他們一點點劑量的壞東西，這樣個體在下一次面對劑量可能更大的壞東西時，就能知道如何反應，且更為堅強。生物學家稱這種方式為毒物興奮效應（hormesis），也就是說，某個東西在高劑量時會造成危害，但低劑量時反而有益。或如哲學家尼采所稱，「殺不死你的，會讓你更強大。」

在安迪的壓力耐受訓練方法中，他比較喜歡帶領這些菁英到脫離日常生活的環境；他解釋，「與其在他們平時上場的地方著手，我們會把他們丟到截然不同的環境中。在面對壓力與不確定的情況下，他們會展現出最自然的行為，或初學者反應。這樣就不會有摧毀他們自尊的風險，因為那個環境不是他們表現卓越的場域。我不能帶著海豹部隊成員在戰場的模擬場景上訓練。他們不會感覺到壓力，畢竟那是他們擅長的環境。但如果要他們站上舞台，表演單口喜劇，反應可就不同了。」這項練習旨在讓他們感受到高度的壓力，但實際上的威脅是低得多，藉此幫助他們得知壓力是受到何種因素觸發，並有機會練習控管自己的反應。

舉例來說，缺氧是種原始恐懼（理由相當充分），但心智卻可以克服這項恐懼。當然，我們必須呼吸，不過大部分的人可以屏氣夠久，不讓恐懼那麼快就介入。在壓力應對訓練營中，每個上場的人都要進行屏氣訓練，而幾天下來，屏氣時間從三、四十秒拉長到三、四分鐘。就身體而言，什麼變化都沒有。但心理上，他們學到心智可以克服恐慌。

我們舉辦壓力應對訓練營愈來愈得心應手，也看到參與者令人驚豔的進步。人在一生中都會面臨與應付各種帶有壓力的挑戰，有些是日常生活的一部分（交通、工作），有些則是深刻的（失落、困境）。久而久之，我們會看到自己如何對這些情境出現本能反應，並學習如何調整。在每次為期五天的壓力應對訓練營中，我們讓參與者接觸比他們這輩子現實生活中可能遭遇的還要多樣的壓力挑戰，藉此加速他們原本需要透過人生累積的智慧。而且這方法奏效了：運動員普遍表示參加營隊後信心大增，表現幾乎都有所提升。

要建立壓力免疫場景的訣竅，在於建立一種讓參與者感受到的威脅遠大於實際危險的情境。我們的目的是引發高度壓力反應，同時確保沒人處於真正的危險之中。有時這並不困難：泰然自若面對十層樓高的巨浪，或穿著飛鼠裝從懸崖跳下來的運動員，可能害怕在同事面前談起自己的感受。或者和印第安納．瓊斯一樣，被扔到滿是蠕動的蛇的窩中（雖然那些蛇無害）（「為什麼一定要有蛇出現呢？」瓊斯曾這麼說，可能我們的某些參與者也有同感）。回想二〇一六年的某個早上，安迪請我提出新點子。「老兄，花幾天時間，想想我們能提出什麼新點子，讓夏天參加訓練營的運動員覺得又困難又很讚。」安迪要我發揮創意。我想了又想，靈機一動……不知點子是哪冒出來的……找一頭灰熊吧！安迪和團隊費了好些力氣，幸而過了幾週，方案就擬定出來了。

巴特熊二世（Bart the Bear II）是一頭兩百六十公分高、快六百公斤重的灰熊，曾參與電影「阿拉斯加之死」（*Into the Wild*）與「我們買了動物園」（*We Bought a Zoo*）的演出，也在電視影集「醫院狂想曲」（*Scrubs*）與「權力遊戲」（*Game of Thrones*）中亮相。既然要請熊來壓力應對訓練營軋一腳，巴特當然是不二之選。我們的人聯絡了牠的經紀人，雙方共進午餐（大概是鮭魚沙拉冷盤），沒多久巴特就啟程前往訓練營了（巴特熊二世在二〇二一年離世。牠和奧斯卡第一位最佳熊演員巴特熊〔Bart the Bear〕並無親屬關係）。

那一年共有九名運動員參加營隊：四名女性與五名男性，分別來自擊劍、衝浪、滑雪、長跑、BMX小輪車以及攀岩等競賽領域。他們一來到營隊，壓力就出現了。第一天活動包括在溫・霍夫（Wim Hof，提倡冷療益處的荷蘭運動員與大師）的指導下進行冰浴，以及一段短途健行。根據我的經驗，有時候，表現卓越的運動員（或任何菁英人士）並不容易專注與完全理解訓練時會出現幽微的心理差異，這群人也不例外。他們都說，第一天與其說是專注，不如說是放鬆。

你知道什麼東西能讓人瞬間專注嗎？一頭衝出來的灰熊。引用十八世紀英國作家山繆・約翰遜（Samuel Johnson）博士的話：那能讓你的思緒高度集中。

第二天的活動，首先我們帶著運動員到一處登山步道口，告訴他們即將進行一段約十一公里的健行。但在此之前，能不能請他們寫下前一天的經驗？他們拿出日誌，開始草草寫字。突然間，一位「公園巡守員」從登山步道朝著我們飛奔而來，並大嚷：「有熊！有熊！」（我們是在私人土地上，這裡不是公園，主人完全知道是怎麼回事，我們也已徵得他同意。我不知道真正的公園巡守員在受訓時，遇到灰熊該如何反應，但願不是朝著人跑過來，同時歇斯底里大叫。）而在這個假巡守員後面大約十幾公尺，有東西尾隨而來：巴特熊二世。

就像所有的優秀演員，巴特來到定點就定位（在距離我們這群人大約兩公尺半的小徑上，垂著一條紅色釣魚線做為標記）。牠以後腳站立，發出吼叫，令人魂飛魄散。

誰也不知道身體在面對原始的危機狀況時，會從戰、逃、僵住中選擇哪一個。那天九名運動員當中，一名跌倒在地，大聲尖叫，還有兩人同時把另一個往巴特熊推（戰、逃、僵住或沒用的朋友？），有幾個往反方向拔腿狂奔。任務達成：我們得到了運動員的全神貫注。這群佼佼者或許自認已對於壓力反應免疫，不過巴特熊這會兒衝出來，打破他們的幻想。他們剛剛體驗了終極壓力情境，而現在，他們的心跳恢復正常，準備好檢視方才的反應，學習如何控制得更好，並強化心理韌性。這群運動員和巴特熊的訓練者見面，與這團超巨大的毛球自拍，然後開始學習與練習壓力容忍技巧。

什麼是心理韌性？

當你聽到「心理韌性」這個詞時，心中想到的是什麼？如何向其他人解釋？在壓力下沉著與維持冷靜、自信、鎮定、專注：這全是我聽過的精準描述，有助於掌控與減輕人類戰、逃或僵住的壓力反應。不過，這些用詞的問題在於，悉數是描述結束狀態，但要如何達成，卻無法從這幾個字看出來。如果我問你什麼是身體韌性，你說的可能會是最終狀態（力量、復原力等等），以及如何達成（嚴格的訓練、運動、激勵自己）。你知道該怎麼做。但心理韌性呢？除了被熊追之外，需要什麼訓練與練習？

每個人都會承受壓力（嚴格來說，我們經歷到的是壓力源，而壓力源會引發人類出現壓力反應。壓力源＋人類壓力反應＝壓力）。卓越來自於你對壓力的反應程度，以及你在壓力下維持清晰思考、做出決策並付諸行動的能力。這是卓越的基礎，但卓越的人並非天生就有這種能力。最優秀的運動員、演出者、企業人士、領導者與軍人，都和我們一樣有相同的內在壓力反應，但是在成長過程中，他們會透過協助與練習，逐步學會克服這種反應。[2]他們從小就得到父母、教練、導師以及同儕的支持，也有很多上場機會，學習如何克服壓力（或者屈服），並改善自己的應對方式。他們大都透過不斷嘗試與錯誤，無意間習得了壓力免疫力。

大多數人沒有機會接受這種教導與練習，更不用提哪個夏令營在踢球、美術工藝，以及射箭等活動之間，還安排灰熊衝過來。不過，大家還是可以學習如何將人類壓力反應處理得更好；心理韌性是可以練出來的。本章有一系列練習，幫助你更善於處理人類壓力反應，這麼一來，一旦壓力情境出現，你就可以發揮心理韌性來面對。

我最初是為海豹部隊開發這些方法，並將之納入所有海豹部隊人選的BUD／S訓練中。起初只有四種練習（目標設定／切割、視覺化、控制覺醒與自我對話），稱為「四大練習」。後來，根據我與數千位企業領袖、先遣急救員與菁英運動員的合作經驗，又增加幾種練習。透過理解與實踐這些練習，你會學到如何處理壓力，甚至能將壓力轉化為優勢。這些練習包括：

- 視覺化
- 備援計畫
- 自我覺察
- 4444呼吸法
- 調光儀式
- 切割目標
- 打破定勢
- 放進黑盒
- 重啟黑盒
- 團隊意識

沒學會如何處理壓力，後果可能相當嚴重；這往往不只是輸掉一場比賽，或考不好。約翰．馬爾克斯（John Marx）曾擔任警官二十三年，其中十九年是在特種武器與戰術部隊（SWAT）擔任人質談判員，那段時間經歷過許多壓力與創傷。「我是巡警與偵查員，歷經過多次SWAT的突擊行動。」他告訴我。「我見識過許多死亡、恐怖的謀殺案與其他人間悲劇，我沒有能力去承受這一切。我受過逮捕控制技能、射擊、駕駛等方面的訓練，但那些全都是身體層面的鍛鍊。我在加入警隊時接受過一次心理測評，就這麼一次。根本沒有心理支持系統，我們也不敢尋求幫助，因為那就像是在承認自己脆弱一樣。

「我們學到的紓壓方式就是喝酒。下班後有時一起去酒吧喝酒，聊聊當天發生的事，刻意透過喝酒來麻痺思緒。我為了應對壓力喝了太多酒。那就是我的因應機制。

「後來，我從警隊退休之後，有個朋友自殺了。其實在我工作生涯最黑暗時，也曾考慮過，但都壓抑下來。只是，這回碰到朋友結束自己的生命，我開始與同事談起自殺這個情況，才得知這並不罕見。我想，我有人生歷練了，或許可以在這方面做點事。」於是約翰成立了「執法人員生存中心」（Law Enforcement Survival Institute），致力於促進執法人員、其他第一線應變人員及其家庭的健康、韌性和工作效能。他在一篇雜誌文章看到我們在海豹部隊所使用的技巧，於是打電話給我。自此之後，我們便合作舉辦研討會與其他計畫，協助警察因應工作中不可避免的壓力。

這是個活生生的例子，說明當專業人士沒準備好應對壓力時，會發生什麼情況。不過在我們日常生活中，還有許多比較小、不那麼嚴重的例子，顯示壓力所帶來的長期影響。我在本章介紹的技巧，是為了幫助減輕人類壓力反應在當下對表現的影響。但是，這還不足以幫助人面對更嚴重的壓力帶來的後果，例如約翰提到他同事所經歷的事。那需要其他心理健康治療的介入。

戰、逃或僵住

想像一下，回到史前時代，有隻劍齒虎衝向兩個穴居人。穴居人弗萊德觀察這隻衝過來的猛獸，小心翼翼，分析自己有什麼選擇。另一個穴居人巴尼則馬上逃之夭夭。結果，愛思考的弗萊德就淪為猛獸的大餐，成為「摩登原始人」（*Flintstones*）家族葬禮的主角。巴尼這個總是先做再說的人，在遭遇野獸攻擊時活下來，把基因傳給下一代。他發展出的系統如今稱為「下視丘－腦下垂體－腎上腺軸」（hypothalamic-pituitary-adrenal axis，簡稱ＨＰＡ軸），是人類壓力反應的軸線。雖然許多人是弗萊德的粉絲，但我們是巴尼的後代。

ＨＰＡ軸是身體的一個系統，看到危險逼近時，會釋放出荷爾蒙，為反應做好準備。ＨＰＡ軸包括下視丘（位於大腦底部）、腦下垂體（在下視丘下方），以及兩個腎上腺（位於腎臟上方）。下視丘會透過神經系統，與身體的其他部分聯繫，控制呼吸、心跳、血管及肺部的氣道擴張與收縮等等。當人體感受到壓力，比如面對衝過來的熊或刁鑽的面試問題，下視丘就會開始運作，釋放皮釋素（corticotropin-releasing hormone，簡稱ＣＲＨ），通知神經系統有危險逼近，指示腦下垂體把腎上腺皮促素（adrenocorticotropic hormone，ＡＣＴＨ）打到血液中。腎上腺皮促素到了腎上腺，下令它們開始分泌各種壓力激素，包括皮質醇、腎上腺素與其他激素到血液中。如此一來，交感神經系統就會全面戒備。這過程發生得很快，大腦都還來不及處理所見所聞。身體會在大腦還來不及思考的情況下採取行動。

這就是壓力反應的生理學。在現實生活中，是由一大串身體與認知變化來表現。心跳加速，可增加送到肌肉與器官的氧氣。血管收縮，可讓血液留在重要器官（穴居人弗萊德被劍齒虎咬掉一條手臂，卻沒有血流如注）。血壓上升。瞳孔放大，引進更多光線，讓視力更清晰。肺部的微小氣道（細支氣管〔bronchioles〕）敞開，引入更多氧氣。我們的感知更加敏銳，有更多糖分與脂肪釋放到血液中，以提升力量。肌肉緊繃，呼吸又快又淺，汗水與眼淚開始流動。消化變慢；在面臨重大危險時，哪有餘裕擔心消化呢？（羅伯．薩波斯基〔Robert Sapolsky〕是知名的壓力源與壓力反應學者，曾指出：「如果龍捲風朝著屋子襲來，那麼這天就不是修理車庫的好日子……如果你正設法避免變成別人的午餐，會有比消化早餐更重要的事得做。」[3]）

最關鍵的是，大腦額葉的執行功能減弱了。高階的問題解決、判斷與決策功能會受限。要專注與記住事情更不容易，思想會飛奔，好像更難搞清楚狀況。思考需要時間，但在面對生死關頭時，時間是非常寶貴的資源。你身體的ＨＰＡ軸要你行動，不是東想西想。

以前人類祖先面對危險時，光是遲疑一秒就攸關生死，那時只有戰、逃或僵住這幾種選擇。但今天，這種情況往往變成阻礙。在今天的壓力情境下，我們需要飛快的思考分析，要是少了額葉就很困難。我們的末梢可能需要良好的運動能力，但由於血液減少而更顯得挑戰。舉例來說，海豹部隊成員的核心能力是射擊、移動與溝通。這些都會因為人類的壓力反應而受到影響。

不僅如此，現代社會的壓力來源比過去多得多。人類祖先的生活與如今的日子相比，著實無趣。沒錯，以前或許會有劍齒虎偶爾現蹤，但是從洞穴到狩獵採集地點之間沒有通勤車流，也沒有上司會全方位評估你如何擲矛或生火。如今，人類產生壓力反應的頻率比以往高出許多。正如薩波斯基所觀察，當我們因為房貸、關係或職務升遷而感到壓力時，我們「會啟動一套原本是為了應對緊急身體危機而演化出的生理系統，但一啟動卻讓它持續運作很長一段時間」。[4] 掌握壓力反應不僅對表現很重要，對健康也非常關鍵。

我把壓力反應視為是排成一列的骨牌。每當壓力情境啟動下視丘，就像推倒第一張骨牌。接下來，從皮質醇與腎上腺素釋放，到伴隨出現的身體與認知影響等，所有骨牌會很快接連倒下，除非以某種方式阻止連鎖效應。這就是壓力免疫法的功用：以下的每一項練習，都有助於阻止骨牌倒下。

視覺化

喬．馬魯恩（Joe Maroon）是世界一流的頂尖人才，曾與許多同樣的佼佼者合作。喬在俄亥俄州的布里奇波特（Bridgeport）長大，是小鎮上的超強運動員。然而，他還不是最強的；他的密友菲爾．尼可羅（Phil Niekro）與約翰．哈維契克（John Havlicek）都是體育界名人堂的人物，菲爾是棒球界，而約翰則在籃球界名聞遐邇。三個男孩一起打棒球，在高中最後一年獲得州冠軍，喬也在足球與棒球的全州賽事獲得殊榮。

（對喬而言，與菲爾、約翰的友誼，對他的運動生涯既是加分，也是扣分。他在棒球隊擔任中外野手，如果投手是菲爾、游擊手是約翰時，喬能很輕鬆扮演好這個角色，還說：「我幾乎沒什麼事可做。」而喬和約翰在俄亥俄州立大學的美式足球招募活動時，傳奇總教練伍迪·海耶斯〔Woody Hayes〕把手搭在身材高大的約翰肩上，親自領他逛校園。個子矮小的喬〔約一百七十公分，約翰將近兩百公分〕只好自己逛。）

喬靠著美式足球獎學金，前往印第安那大學攻讀醫學院，開啟了成功的神經外科醫師生涯。然而在四十歲出頭，就歷經了重大的中年危機：父親猝逝、婚姻破裂，致使他放棄醫職，搬回俄亥俄州老家，花了一年時間，協助母親經營父親所留下的卡車中途休息站。喬接著陷入憂鬱深淵，於是一名友人建議他試試看跑步。他第一次慢跑只跑了約一·六公里，跑完後發誓再也不跑了。但那天晚上，喬卻是幾個月來第一次睡得安穩，於是他跑上癮了。後來，喬完成八趟鐵人賽事（其中五次是在夏威夷的世界錦標賽），現在也固定參加鐵人三項的競賽，並在其年齡組奪牌（喬現在已經超過八十歲，這年齡層有時只有他一名參賽者！）。體能活動幫喬走出低潮，於是他回到匹茲堡，繼續神經外科醫師的工作，並在一九八二年和美式足球匹茲堡鋼人隊合作，成為這支球隊隊醫的一員。

（在擔任鋼人隊隊醫期間，喬成為腦震盪評估與治療的專家。我們在二〇一二年，透過共同的同事相識，我為海豹部隊擬定預應式腦震盪後護理方案時，他也助我一臂之力。）

喬在鋼人隊時曾與一位運動員合作——明星外接手林恩・斯旺（Lynn Swann）；在喬加入球隊時，正逢林恩在美國足球聯盟最後一個球季。林恩的球隊曾獲得四次超級盃冠軍，他自己在一九七六年超級盃獲得最有價值球員殊榮，二〇〇一年，獲選進入職業美式足球名人堂。喬告訴我，林恩的成功關鍵之一，在於有能力將想像視覺化。「林恩是視覺化大師，」喬說，「在前往比賽途中或在球員休息室裡，我常坐他旁邊，看著他一遍又一遍在腦中預演動作。他會想像球在空中旋轉，看著縫線在他接球時的轉動，感受球落在手裡的觸感，體會自己如何移動、扭轉身體去接球。他不斷在腦海裡重播自己的動作，直到完全在腦中形成深刻的連結。」

要描述林恩所做的事，常見的說法是視覺化。但是，他做的可不只是觀看球賽。他是在心中以五感來體驗比賽：視覺、聽覺、嗅覺、味覺與觸覺。研究人員稱之為動覺運動想像（kinesthetic motor imagery，簡稱ＫＭＩ）；有點像戴上虛擬實境眼鏡玩遊戲，只不過虛擬實境只動用兩種感官（視覺與聽覺），但KMI有五種感官參與。這樣就會在中樞神經系統建立運動程式，欺騙大腦，以為你看見的事確實正在發生。大腦的確不知道差別所在；你已把成功寫進腦海，因此當你來到真實現場時，會覺得自己已經歷過。許多研究證明其效度，尤其是在運動領域。[5]練習感官測量（sensorization）（或動覺運動想像）是壓力免疫的方式：剛開始體驗時會覺得有壓力，但練習個幾十次之後，就會覺得沒什麼大不了；只要「覺得沒什麼大不了」，就不會帶來那麼多壓力。

電競選手艾力克斯．梅爾斯是在虛擬場域中比賽，但他出賽時，通常是在真實的觀眾面前，有時候甚至多達數千人，而對手就坐在旁邊的遊戲機上。和任何將上場的人一樣，艾力克斯賽前也會焦慮。「大家比鄰而坐，感覺得到對手的氣場。」他說。「真正能幫助我的，是把五感全都視覺化。我看見群眾、聽到群眾、感覺到群眾。在參加比賽前，我會找競技場地的圖片，想像自己置身其中，聽見群眾的聲音。這樣做能改變很多，讓我更能掌控自己。」

艾力克斯告訴我，他曾參加一場在多倫多會議中心舉行的競賽。「以前群眾的聲音會影響到我。那時，我還不會事先在心中預演比賽的場景，因此到了現場，我就會表現失常。在多倫多的競賽中，我花了點時間，在想像中把群眾視覺化，看見場地內部，感受這個地方。抵達現場時，感覺就更清晰了。我全神貫注，完全融入其中，不受外界干擾，確實沉浸在比賽中。」

研究人員開發了一種模式——PETTLEP，這是在二〇〇一年的報告上首次提出，目的是幫助人們實踐動覺運動想像。[6]

- **實體**（Physical）——盡量讓意象實體化。別光是想像動作，要做出動作。如果可以的話，穿上你上場時會穿的衣服，並使用相同的道具（例如匹克球的球拍）。
- **環境**（Environment）——無論是實體或在心中，試著重新創造出要上場執行的環境。
- **任務**（Task）——在重新建立手邊的任務時，要講求實際；如果你的目標是贏得週末的網球賽，就不必想像在溫布頓網球賽獲勝。

- **時間（Timing）**——想像一下，這項任務在現實時間中的情況（雖然慢動作也可能有幫助）。
- **學習（Learning）**——在練習時，要納入學習與改善。別視覺化你上回的表現，而是在你進步之後會如何表現。
- **情緒（Emotion）**——在視覺化時，要對自己的情緒誠實；試著去感覺真實上場時，你的情緒起伏。
- **視角（Perspective）**——在視覺化的時候，大家往往會選擇第一人稱的視角（即從自己執行時所見的角度來想像），不過，第三人稱的視角也可能很有幫助。

舉例來說，如果你即將進行重要的簡報，可先做實體預演。站起來演講，彷彿你就在那間會議室裡。找一間空的會議室（布局和設計愈接近你之後要開會的那間愈好），像之後要面對眾人那樣完整演練簡報。你不只要注意自己的表現，還要留意感受。你會看見什麼？聽見什麼？或許回家途中或晚上較放鬆時，閉上眼睛，再從頭想像一次。聽聽自己在說什麼，聽聽觀眾的提問與反應，看看室內，聞聞看有什麼氣味，感覺腳踩在地板上，以及靠在椅背時背部的感覺。讓成功的感覺襲來。在你的大腦裡做好成功的連結，如此一來，當簡報時刻真正來臨，你已做好準備，輕鬆以待。

在比賽之前，視覺化是很好的壓力免疫系統，但我也鼓勵個案在上場後或練習後，以視覺化將正面元素深植腦中。我的規則是「再兩次」（2X）：在演出或練習之後，至少在腦海中將你的表現視覺化兩次，以加深印象。這相當於練習或上場了三次，而不是只有一次。

這不僅適用於練習後或上場後，日常生活也派得上用場。在睡眠時，大腦會整合當天的記憶。許多人在準備睡覺時，會思考隔天得做的事，或反覆糾結於某些出錯或困擾自己的事。你比較希望接下來八個小時，讓大腦反芻那些負面感受，或是積極正面的想法？每天晚上，當我準備睡覺時，我會想想當天的好事：發生什麼事？看起來、聽起來、感覺起來如何？那可能是和孩子一段愉快的對話，或和個案諮商時收穫豐富，或聽眾很能接受我的演說。現在，這已經是我夜間例行公事的標準程序：刷牙、穿睡衣、親吻與擁抱妻子，並將之視覺化。讓生活中的正面經驗進入大腦，就像是又有了額外八小時的練習。

在第五章，我們初次提及潘妮洛普．帕米斯這位律師與世界國標舞冠軍。早在我們合作之前，她就開始視覺化的練習。「我白天有正職工作，晚上才去上法學院。」她回憶道。「回家後，會在心裡重新溫習一次課堂上的內容，完成筆記。而我在睡覺時，會在腦中重溫一次內容。這樣睡眠時還能強化所學。」

潘妮洛普今天也做同樣的事，不過，她在腦海中重播的是舞蹈動作，而不是訴訟與合約。「在上完舞蹈課之後，我回家會把所有動作視覺化。我在視覺化時，會試著用身體感受該做哪些動作。我會把那些做對的時刻獨立出來，我的老師稱之為黃金時刻。夜裡躺在床上時，反覆播放那些黃金時刻，讓自己抱持正面心態入睡。我發覺自己在移動，雙腿在跳躍，臀部也在扭動。我感受到空間、溫度、光線、地板、空氣、氣味。我在腦海中感受一切、嗅聞與聆聽一切。

「在把課堂所學視覺化之後，我總會做一段感恩冥想。回顧這一天，花點時間感謝自己做的事，以及自己的存在。我會把順利進行的事情視覺化。那可能只是件小事情，例如終於正確完成雙轉！我會懷抱正面的思維，反覆回想那個黃金時刻。」這種練習讓潘妮洛普在面對比賽時獲得極大的心靈平靜。「如此一來，我的世界就大不同了，這讓我擁有自信心態，因為我已做好準備。」

備援計畫

伊恩．瓦西（Ian Walsh）可說是天生注定的衝浪好手。他爸爸是蔗農，媽媽是學校老師。他在夏威夷茂宜島長大，孩子們的運動他都會參與，但是初次嘗試過衝浪之後，就深深愛上，再也回不去了。或許是天賜良機，那時伊恩家不得不搬遷，而他們唯一找到的新住處，就位於北岸海灘的幾步之遙。伊恩每天放學之後，就把書包丟一邊，抓起衝浪板，乘風破浪去。父母唯一的規定是，在夜幕低垂、街燈亮起時就得回家。等他回到家，就會拿起書來用功研讀。然而衝浪手常被貼上像斯皮可利（Spicoli）那種蠢才的刻板印象讓他不滿，於是他上中學後，下定決心都要拿A，高中畢業時還成為畢業生代表（傑夫．斯皮可利〔Jeff

Spicoli〕是一九八二年的電影「開放的美國學府」〔*Fast Times at Ridgemont High*〕中，由西恩·潘〔Sean Penn〕飾演的經典「嗑藥衝浪男」角色。他的名言是「只要有美味的浪和酷炫的氛圍，我就沒問題」）。

現在伊恩以巨浪衝浪為業，常去的浪點包括大白鯊（Jaws，位於茂宜島）、小牛（Mavericks，位於北加州）與北普拉亞（Praia do Norte，位於葡萄牙納札雷）等知名衝浪聖地。我們二〇一六年相識，從那時起便開始合作，致力於提升他的高績效心態與心理策略。

你或許認為，要站在衝浪板上，從約二十一公尺高的浪頭衝下來很可怕，沒錯。要控制這種恐懼，方法之一並非去思考順利的狀況，而是為可能發生的各種錯誤做好準備。伊恩是個應變計畫大師，「能遇到滔天巨浪的日子並不多，這點我無法控制，」他說，「在那樣的浪況下，還要有良好的條件，這麼天時地利是非常少見的。但機會一來，我一定要下水，好好把握。要是我被大浪吞沒，板子又被沖到礁岩上怎麼辦？我得做好準備。要是水上摩托車出問題呢？（大浪衝浪手通常藉由專業人士駕駛的水上摩托車拖曳，才能抓到快速移動的巨浪。）我會尋找過程中任何可能的漏洞，並建立一套系統，讓我即使碰到阻礙，還是能留在海上。我透過這種進程，尋找潛在問題，提出應變計畫。在一天的衝浪結束後，回顧當天耗費我大量心力的部分，然後針對那些問題加以改進。」

伊恩在二〇一六年一月拍起電影，有一天，海況乍看之下很完美。「看起來，那會是我遇過最棒的大浪日子。我與三個弟弟一起出海，但D.K.摔了下來，情況很嚴重。我們把他移到浪區旁邊比較平靜的水域才算安全，還得剪掉他的防寒衣。他完全失去了知覺，我們很擔心他摔斷脖子。」

幸好伊恩與他的團隊未雨綢繆。「我們已經安排好，立刻把他安全送上岸前往醫院。」救護車回報，D.K.情況尚佳，所以伊恩回到浪頭上，並度過了人生中相當棒的一天。對伊恩來說，應變規畫是壓力管理的重要部分。「沒有什麼事是盡如人意的。但如果先一絲不苟的做好準備，表現就會更上層樓。這樣就只要專注於表現就好。」

為了降低壓力，我們把大小事情都規劃好，並把所有可能出問題的狀況全部安排備援計畫，畢竟出問題是在所難免。不妨採行計畫A、計畫B，甚至計畫C

或D。面對和公寓一樣高的浪頭，衝浪可是攸關生死的情境，要有各種備案是常識，而在各式各樣的壓力情境中，這也是同樣重要、有效的步驟。

舉例來說，我不是大浪衝浪者，但我常投入一種對許多人而言同樣可怕的情境：公開演講。在準備演說時，為了安撫七上八下的心，我會思考螢幕出問題或電腦當機，該怎麼辦？如果麥克風壞了呢？要是當天起床發現喉嚨痛呢？或許這些情境不如摯愛的人在巨浪中受傷那麼嚴重，但在當下都一樣有壓力。為了減輕壓力，我會想像可能發生的壞事，並做好應變計畫。如果我得在沒有投影機或麥克風的時候演說，那該怎麼辦？如果我得頻繁停下來喝茶緩解喉嚨該怎麼辦？如果我前往演說地點時，錯過了轉機怎麼辦？B計畫是什麼？要是行不通呢？C計畫是什麼？想像與規劃這些場景固然有壓力，但如果沒有規劃，壓力會更大。站在台上或客戶面前，圖表卻出不來，或是讀稿機故障時，觸發的人類反應與巴特熊二世衝出來時一樣大。擬定計畫，多多練習，把多種應變方案視覺化，有助於當下化解壓力反應，這樣可以帶來更強的掌控感與信心。

從海豹部隊退役的彼特．納夏克強調，在擬定應變計畫時，要對自己誠實。

他說，「許多時候，人們會期盼完美，什麼事都不出錯，但我會往恰恰相反的方向思考，什麼事都可能出岔子。有時候是你能力不足，或是運氣不好，但那又怎樣呢？要做好準備的方法只有一種，就是先想像並安排好計畫。要是我腿部中彈了怎麼辦？我會先想像那種感覺。實際情況可能會比我想像的還糟，但我會盡量去確實感受。事情可能出錯，你無法掌控所有變數。這樣的思考方式能提供一個架構與心理預設，幫助你快速從戰、逃或僵住的本能反應中恢復過來。這成為自動反應，讓我回歸到可以思考、穩定與再度行動的狀態。」

身為海豹部隊成員，彼特會為壞事做好打算。「要是我陣亡會怎樣？我的家庭怎麼辦？我曾和他們討論過這件事，並安排好應對機制，要是出事的話較容易處理。這讓我做好心理準備，繼續出任務。」

花足夠的時間在應變規畫，就能發展出所謂的自動化能力，亦即想也不想，就有能力自動做某些事。當你騎自行車時，你不會去想該怎麼做，騎就對了。這就是自動化。對於速度較慢的危機來說，自動化的能力不是那麼重要：要是你在工作截止日前電腦當機，或是和同事意見不合，你可能還有點時間思考對策。但在其他情況下，可能就是生死攸關的差別。

安東尼・歐辛努加（Anthony Oshinuga）是特技飛行員，我在二〇一八年與他合作。他駕著飛機，在邊長約為九百一十四公尺的想像立方體空域中飛行，距離地面至少兩百公尺。在空中進行各種翻轉與旋轉動作時，飛行員身體會承受強大的重力，因此在早期比賽生涯中，安東尼花了許多時間去想像那種感覺，還做好計畫來因應G力昏迷（G－LOC，因為重力引發的意識喪失）。他也為其他可能發生問題的狀況做好準備。

「這是一場數字遊戲，關鍵在於能量管理及垂直穿透力，」安東尼說，「每個動作都會損失一定的高度。我會計算每個動作增減的高度，然後想像如果發生緊急故障要怎麼辦。」幾年前，安東尼在亞利桑那州柯立芝（Coolidge）為一場空中表演受訓時，就有機會實地測試他的應變規畫。「我在練習水平螺旋（flat spin），突然間，駕駛艙冒煙。我看不太到周圍，也看不到地面。我把操縱桿拉回中央位置，打開座艙罩，讓煙霧散去，之後感覺到一股溫熱。原來是引擎漏出的機油流得我整條腿都是。」

所幸安東尼早就為這一刻一再規劃，因此發生狀況時，他可以自動反應。飛機在他的掌控下，安全降落。「我沒辦法拉出檢查清單，也沒有時間思考。若還要思考，就死定了。」

自我覺察

要活在當下，專注，留意眼前狀態。想必你常聽到這類格言。問題是，生活沒有這麼簡單。如果我們心頭只有一個壓力元素壓著，那算是挺幸運的，但多數人心裡至少有幾個壓力源。安東尼準備在天空表演置生死於度外的俯衝與旋轉時，心思可能飄走，思考投資組合在市場下跌時價值會怎麼縮水，或要幫母親買什麼生日禮物。當我準備演說時，心底深處有時也會煩惱當天兒子期中考不知道考得怎樣，或前一天和太太對話時不太開心的情況。卓越需要專注，這項能力是把這些考量放一邊，完全專注於手邊的任務。不過，試過的人都知道沒那麼容易，生活中總有事情阻礙你。

要讓生活更順利，就得對付這些令人分心的事。做一次「自我覺察」檢查吧！檢討周圍環境——我稱之為心理表現的生命徵象——盡量記下任何可能影響你最佳表現的因素。如果可以，試著處理這些事情。這些事情可能不容易解決，但你至少可以下定決心，稍後思考，或提醒自己已經有的應對計畫。這有助於幫你隔離干擾，避免這些事影響到表現。

要誠實客觀看待自己。以糖衣包裹的事物是沒有用的。想想你的電腦、手機或平板打開一堆視窗，這會讓你分心，也會對裝置造成負擔。檢視你的心理表現生命徵象，就像檢查視窗與標籤頁，把不需要的關掉，就能釋放你的處理器，專注在重要的事情上。我列出八項可供檢視的不同範疇，供你在自我覺察時檢查：

- **生活**：財務狀況、工作生涯、所愛的人是否幸福
- **睡眠**：睡眠充足嗎？
- **氣氛**：你的工作場合與家庭氣氛如何？
- **健康**：目前狀況如何？有急需處理的問題嗎？例如疼痛、頭痛等？

- **心情**：你現在是開心得不得了、情緒低落，還是介於兩者之間？
- **物質**：你最近的酒精、咖啡因或其他物質的攝取情況如何？
- **專注**：你能專注嗎？或者正處於心浮氣躁的狀態？
- **壓力**：目前這些因素加總起來狀況如何？你的壓力程度有多高？

飛行員在航班啟程之前，會使用像這樣的檢查清單，我合作過的許多海豹部隊成員也是。在進行主要任務之前，可以如此先處理其他生活中的壓力源。檢視這些生命徵象不代表你必須立刻解決生命中的所有壓力，但光是提升自我覺察，就有助於舒緩人類的壓力反應。練習主動選擇：建立一套例行流程，定期盤點你的心理狀態，處理那些可以處理的部分，其他就暫時擱置。

4444呼吸法

我會到美國各地的執法單位演說，也與其中一些單位合作，推動心理表現訓練計畫，因此有機會認識許多敬業又令人印象深刻的人才。其中最頂尖的，非迪娜．瑞爾森（Deena Ryerson）莫屬。她是奧勒岡州司法部的資深助理檢察長。迪娜的背景非常有趣：她在猶他州長大，父母是從耶路撒冷移民來的巴勒斯坦人，而她幼年時在天主教學校上學（「罪惡感是我的基石。」她微笑道）。她搬到奧勒岡州就讀大學，之後選擇就讀法學院，但她不想學刑法，也不想成為公訴檢察官。畢業後她進入私人法律事務所任職，但非常不喜歡這份工作。過程中，她參加了「一日檢察官」活動，結果出乎意料的愛上了那份工作！最後她還是決定要成為刑事公訴檢察官，現在成為奧勒岡州唯一的交通安全資源檢察官。這表示，奧勒岡州的檢察官與警察在起訴與交通相關的犯罪時（例如酒駕或駕車殺人罪），她會給予建議，也與立法者在交通相關法律上合作。

迪娜告訴我，她經手過一件特別棘手的案件，一場導致乘客喪生的車禍。駕駛因魯莽駕車、酒駕以及過失殺人遭到起訴。迪娜不僅擔任這起案件的顧問，也是檢方的共同檢察官。審理過程相當緊張，對方律師難纏又暴躁，還夾雜了不少小鎮的政治角力。等到該進行結辯時，迪娜準備好了。不過她非常疲憊，過去兩星期幾乎不眠不休的投入這項訴訟中。當她起身，準備向陪審團發言時，所有的疲憊與壓力全湧上來淹沒了她。「我腦袋一片空白，」她說，「我看著共同檢察官，說我什麼都不記得。我不想做了，我好累。」所幸迪娜並非第一次碰到這種情況。這是她在壓力下的反應。「這些年來，我已知道自己在很緊張時，就可能出現這種情況。」

壓力爆表的那一刻，迪娜接下來採取的步驟，正是我每天從個案身上聽到的做法。她深呼吸，吸氣四秒、吐氣四秒，重複、重複、再重複。這幾次深呼吸只花了約一分鐘，就能讓她的身心重啟，骨牌停止倒塌。接著，她問自己一個重要問題：「等這一切結束之後，什麼事情會讓你後悔？」答案是會因為當時陷入恐懼、無法有所作為而後悔。若是受到恐懼阻礙，無法讓她有最佳表現，她會非常後悔。想通了這一點之後，她又深呼吸幾次，準備好宣讀。

你現在在做什麼？呼吸。這是你這一生做的第一件事，也會是最後一件事，正因如此，你可能沒料到自己其實不是那麼擅長呼吸。當然，你呼吸的能力還是足以讓你活下去，但當你陷入壓力情境時，什麼都很難說。有多少人在碰到困境時會屏住呼吸。對，我也會。正因如此，對抗壓力反應時，最有效也是最簡單的方法是：深呼吸，規律的呼吸。

本章前文，我們已談到當壓力事件發生時，會啟動交感神經系統，引發人類的壓力反應。在壓力解除後，副交感神經系統就會開始運作，幫助身體回復到正常狀態。交感神經系統就像是油門，幫助你在關鍵時刻衝刺；副交感神經系統則像煞車，能讓心率恢復平穩，消化功能正常運作，讓血管恢復擴張，血液流動順暢。在面臨緊張的時刻，深呼吸是人在當下唯一能做的事，可以啟動副交感神經系統。這就像服用鎮靜劑等能以化學方式控制壓力反應的藥物，不過深呼吸是免費的，隨時可做，見效快速，也不會有頭暈、嗜睡或流口水等副作用。

幾乎每個領域的專業人士都提到，深呼吸是面對壓力情境的主要工具。研究顯示，在練習深呼吸的時候，最理想的呼吸頻率是每分鐘六次，也就是每十秒一次（正常成人在休息時的呼吸頻率是每分鐘十二到十六次）。這樣的頻率會讓心率變異度（HRV）達到最佳狀態，這個數值是指每次心跳之間間隔的變化程度（大多數智慧型手錶都有偵測這個數值）。雖然聽起來不是什麼好事（「等等，你是說我的心跳間隔不均勻？」），事實上，幾乎每個人都有某種程度的心率變異度，通常只有幾分之一秒。心率變異度較高，通常表示與正向的健康特質有關，例如體適能、充分的休息與復原，也有比較好的表現；這表示主要是副交感神經系統在發揮功用。如果心率變異度降低，代表身體出現壓力，或甚至代表疾病；此時是交感神經系統在主導。最佳的心率變異度是相對的，每個人不同，但通常來說是處於中間值，不要太偏向交感神經，也不要太偏向副交感神經，剛剛好就好。[7]

你是否曾在壓力大或是忙碌的一天深深嘆氣？如果有，那麼你已經在深呼吸了。嘆氣是身體重新調整情緒、恢復平靜的好辦法。深呼吸的問題在於，除了偶爾的嘆氣，我們常忘了要做這件事。記得嗎？我們身處壓力時，深呼吸要和表現的其他層面一樣，必須練習，使之成為自然而然發生、幾乎不需思考的習慣。那件出生後做的第一件事、人生畫下句點時做的最後一件事，每天都做很多次的事？對，但你就是需要練習。

在海豹部隊時，我採用的練習慣例稱為４４４４呼吸法（4444 breathing）：

吸氣四秒、吐氣四到六秒（吐氣時間會稍微長一點），每次四分鐘，每天四次。記住，目標是每分鐘呼吸六次。現在，我會向所有個案推薦這項練習，他們甚至把「4 4 4 4呼吸法」排進行事曆裡！你呼吸了一輩子，但都不是這樣呼吸，正因如此，你需要練習，直到變成你在面對壓力時自然而然的反應。當你承受壓力時，你的身體會迫使你快速呼吸、血管收縮；而你的心智則能快速的以深呼吸和血管擴張來反制。艾瑞克．史波斯特拉所率領的邁阿密熱火隊，在每次大型賽事前會練習呼吸，例如季後賽比賽前。他說，「我會先給他們一些需要思考的事情，然後大家一起坐下來幾分鐘，只要呼吸就好。教練、球員，大家一起呼吸。在大型賽事前，焦慮感會很重。光是一起呼吸就很有用。」這不但能減輕賽前壓力，也提供了一套方法，讓他們在比賽進入緊張時能知道該怎麼做。

深呼吸的另一項益處是讓你重新找回掌控權。壓力往往會引發你想到那些無法掌控的事，而深呼吸卻是你做得到的。我沒辦法起身，立刻進行結辯，但我可以深呼吸。這樣焦點會從壓力源（審判）轉向行動（呼吸），進而減輕壓力。骨牌停止傾倒，於是可重新調整，開始上工。

史蒂夫．皮茲（Steve Pitts）在內華達州雷諾市（Reno）擔任警職三十一年，最後五年是警察局長。他剛踏上警察生涯時，完全沒有任何心理訓練。他回憶道：「只有那些作風強硬的老派傢伙，透過紀律與強制方式來磨練你。」二〇一三年，我為史蒂夫與警察同仁上了一堂訓練課程，於是他馬上開始應用學到的逆境韌性技巧。其中一個他覺得特別有幫助的情境，是安慰受傷或殉職員警的家屬。他會先在腦中模擬對話，並練習4444呼吸法，有時甚至會把車停在路邊，好好準備。這是很重要的時刻。「當我和家屬談話時，我說的每句話都關乎他們和他們所愛的人，重點不是雷諾市警局或我這個局長。我們所做的一切都是為了他們，我必須做到最好。」深呼吸與視覺化練習幫助史蒂夫冷靜，以最好的狀態面對員警家屬。

匹茲堡神經外科醫師喬．馬魯恩在面對壓力時，有時會採取比深呼吸更進一步的做法。「深呼吸是我動手術時的儀式之一，」他說，「當我在開刀房裡面臨壓力時，我會暫時離開手術台，坐下來，做幾次深呼吸，如此就能恢復平靜，讓自己再次專注。」喬告訴我一次特別棘手的情況。當時他和另一位外科醫師合作摘除一顆腫瘤，而那次沒辦法光靠深呼吸就擺平壓力。「我必須移動顏面神經，因為那條神經直接穿過腫瘤。那條神經就像一條細細的義大利麵，如果受損，病人一輩子都會留下貝爾氏麻痺症（Bell's palsy）的後遺症〔貝爾氏麻痺症是一種臉部單側肌肉無力、導致臉部下垂的疾病〕。手術過程中，我覺得壓力很大。我後退，深呼吸，但還是很焦慮。於是我告訴團隊，我得休息一下。我到醫院的健身房，在跑步機上跑了幾分鐘，沖個澡，練習呼吸，然後整個人感覺煥然一新，回到手術室。」

大約二十分鐘，喬就移除了腫瘤，沒有切到神經。「我知道如果自己繼續焦慮下去，就會出問題。」

調光儀式

有一天，曾擔任消防隊員還拿過世界金牌的戴夫・伍茲爾（第四章）發現，自己被水帶壓在牆上。他當時正和隊友在一棟起火的建築物內搬運水帶上樓梯。

「我們受過訓練，在移動水帶時要站在特定的位置。」他說。「那時候，我們正把水帶往樓上拉，但我站錯位置，最後就被壓在牆邊無法移動。每一次移動，水帶就會摩擦到我面罩上的氣閥，讓供氧量愈來愈少。最後，氣閥完全關閉，導致面罩被負壓吸附在臉上。當時雖然沒危及生命，但後來有人問我為什麼會站在那裡，我卻答不上來。我做了錯誤的判斷，完全違背了我的訓練。」

還有一次，戴夫爬上雲梯，要接近火場，而當他爬到上方，才赫然發現裝著氣瓶的背包忘在消防車旁的街道上。「我們是在夏天受訓，那時費城天氣好熱。我們在進行雲梯訓練時，因為天氣太熱，我有時在上雲梯之前會把空氣呼吸器裝置拿下來。後來那年發生了一場大火。我和同事討論該把消防車和雲梯放在哪裡，等到準備行動，我竟把空氣呼吸器裝置拿下來，放在地上！因為夏天受訓時就是這樣。我是依照習慣反應，而不是用心思考。」就像被水帶壓住那次一樣，這次也安然度過，只不過隔天地方報紙頭版照片上，勇敢的打火英雄懸在雲梯頂端，卻沒背空氣呼吸器裝置，惹來一些非議。

戴夫把這些失誤歸因於缺乏上場前的準備流程，也就是說他根本沒有一套例行程序。「我就是隨波逐流，缺少步驟可處理當下發生的事。我會因為四周的氣味與警報聲分心。打開空氣呼吸設備時，會響起一個警報聲，那就成為我的壓力觸發點。我一聽到那聲音就會產生壓力反應，卻沒有辦法舒緩。我的心思到處跑，不知如何安定。等到事情發生，我就會陷入戰或逃的模式，最後做出不是很有利的決定。我的思緒紛亂，就是無法專注當下。」

多數表演是安排好時程的，你知道簾幕何時會升起。但對先遣急救員就不是這麼回事。「我們不可能先排好時程，」戴夫說，「出事的那一刻，我們就得上陣。我們當克拉克．肯特（Clark Kent）的時間，比當超人的時間還多。你在克拉克．肯特模式下所做的準備，決定你披上披風時是否能應付得當。你必須要有一套計畫。但空想某件事能變好可不是計畫，抱著希望也不是。」我和戴夫的合作內容，就是為他在「克拉克．肯特」狀態發展一整套準備流程，並設計一套上場前的預備儀式。

「一旦學到表現技巧，」他說，「一切就開始改觀。日常行事慣例會讓我安定下來，這樣我可以冷靜看待身邊一切動靜，也可以暫停下來，在當下做出更好的決定。」

戴夫回想起的那些失誤，可說是「壓力下失常」（choking under pressure）的典型例子。他是非常優秀的執行者，但儘管擁有充足的技能和訓練，卻在上場的關鍵時刻犯下重大錯誤。無論你的能力與天分有多高，一旦緊張情緒占了上風，就無法發揮最佳表現，甚至可能失常。「失常」這個詞不只是運動迷口中的抱怨（「那傢伙緊張到搞砸了！」），「失常」有正式的心理學定義：當事人想要表現得好（動機），也有能力做好（能力），但成果卻不如預期，通常是因為壓力所致。我們在這章談到的各種減壓方法都有助於避免失常，而其中最有效的一項，就是建立「上場前準備程序」（pre-performance routines）。

「上場前準備程序」看起來或許有點做作，其實對減輕壓力至為關鍵。那就像是轉動燈光明暗的開關，逐漸點亮身體，告訴身體要準備好面對前方的壓力源。而且就和亮度調節器一樣，可快可慢，視個人和情況而定。我們可以告訴自己壓力即將到來，我們知道該怎麼做，且已反覆練習並想像過無數次。這個身體上的準備程序，讓我們更明確意識到壓力真的要來了。

這個程序應該要在每次上場前都能重複執行（每天上班、每回重要會議、每場艱難的對話）。它可以簡單到只是一頓固定餐點（入選棒球名人堂的球員韋德．博格斯〔Wade Boggs〕在每場比賽前都會吃雞肉），一首特定的歌曲，或配戴某種護符、幸運手環或T恤，或是一段激勵人心的加油喊話。單板滑雪運動員托比．米勒的準備程序更複雜，還結合其他抗壓技巧。首先，他在賽前會先離開比賽場地，給自己一些空間進行正面自我對話和想像練習。「比賽前很容易胡思亂想，所以我會抽離現場，找個安靜的地方，即使是流動廁所也行。等他們喊我名字，我會重新綁緊雪鞋、拉上手套拉鍊、戴上耳機，這個訊號就是告訴大腦，該是上場的時候了。我聽到音樂的那一瞬間，所有的緊張與疑慮都散去，甚至覺得自己有超能力。這是告訴我要深呼吸幾次的提示，能把我拉回當下。接著我衝進賽道，周圍瞬間變得完全安靜，我聽不見音樂、觀眾的聲音，甚至聽不到滑雪板在雪地上的摩擦聲。比賽結束後，我甚至不太記得過程，好像那三十五秒內進入了另一個世界。」

馬庫斯．盧崔在最極端的高壓情境下，也採行過「調光儀式」。他在二〇〇五年阿富汗所發生的戰爭中，受到嚴重槍傷，因滾落岩坡，導致口部嚴重受創，部隊同袍也陣亡。「這件事到現在仍讓我噩夢連連，」他說，「我一邊在腦海中盤算各種細節，一邊把彈匣藏進衣服，這樣敵人就不會發現我的位置。最後一個彈匣貼在我脖子上。我不得不坐下來，回想平時所受的技能訓練與體能、心理調適。問題是，當時的情況已經超出我的訓練範圍。」

馬庫斯能重新振作起來，原因就在於他的上場前儀式。「我有一段話，能讓自己立刻進入那種狀態，」他說，「那就像是我的語音控制程式。」他的禱詞如下：

千場戰鬥。
只要世上還有任何生命在呼吸、任何動靜出現，
伴隨著我的強大能力而來的，是我的重大責任，
每日自我掌控，保持謙遜，比任何人都更加努力，永不放棄，
將上帝置於一切之上。阿們。

馬庫斯身受槍傷，絕望的獨坐在阿富汗荒野。四周有幾十個武裝敵人想要他的命。他複誦著這段禱詞，然後，低聲哼唱每次出任務前都會唱給隊友聽的歌：澳洲搖滾樂團AC／DC的〈地獄喪鐘〉（Hell's Bells）。即使在最嚴峻的時刻，馬庫斯的上場前準備儀式都能幫助他重整旗鼓，啟動他內心的調光開關。他振作起來，爬了約十一公里路，穿過密林，來到一座村莊，而英勇友善的村民給了他庇護之所。

切割目標

假設老闆在星期五下午經過你辦公桌旁。「嘿，週五愉快，」她掛著笑容說，「你知道你現在做的東西，是下下個星期要用的吧？我在想，你可不可以也做另一件比較難、要花時間的東西？星期二可以完成嗎？沒問題，對吧？」

你想說，當然有問題啊，你這個慣老闆。

不過你說：知道了。

光是寫下這件事，就讓我起了點壓力反應，肩膀緊繃，手指在鍵盤上打更多錯字。你在閱讀這段文字時，可能也有類似反應。不過，真正經歷到這件事時，壓力就會真正大增。你會馬上生氣、焦慮、恐慌。但你已學會如何達到卓越，所以你會深吸幾口氣，讓腦袋更清楚與專注，開始思考手邊的工作。這任務還真重！壓力又開始升高。到底該怎麼完成這件事？

回想第三章，我們討論過設定目標的價值。目標有助於我們朝著卓越前進，而將其具體化的過程本身，就能大幅提高它實現的可能性。不過，設定目標倒是有個副作用：會產生壓力。一旦你設定了宏大高遠的目標（或是你的慣老闆交付給你的），你會馬上要面對設法達成目標的現實。正因如此，表現最佳的人會設定宏大的目標，但接著把大目標拆解成可管理的小步驟，逐步一個一個完成。這樣能讓你專注在更容易達成、可掌控的任務上，避免被龐大的終極目標壓得喘不過氣、產生過度壓力。

把目標切割成小部分，是追求卓越的人很常採用的心態，也是很老套的概念。想想那些總是說「一次只打一場比賽」的運動員，或主張「每週減掉半公斤」的健康計畫。如果設定的目標是抱回冠軍，或夏天穿泳裝時展現傲人身材，不免讓人壓力山大。但只要把目標縮小到「下一場比賽要贏」，或「減掉半公斤體重」，看起來就簡單多了。達成之後，這些累進的目標（有時稱為「近程目標」〔proximal goal〕，而不是讓人望而生畏的「遠程目標」〔distal goal〕）可以建立信心，進而增強毅力與動機。這種方式也可以長期追蹤朝著最終目標前進的進展，並協助你克服在面對大型挑戰時不知該從何著手的問題。當你跨出第一步後，第二步、第三步就簡單多了。把目標做分割，能讓你把表現聚焦在過程（每個步驟）上，而不是只盯著結果（大目標）看。在設定遠大的目標之後，記得把它切割成較容易掌控的小步驟，以減輕壓力，提高成功率。[8]

分割目標不僅可以在上場前就減少壓力，也能減少當下的壓力。處於壓力情境之下，什麼事都可能突然變得更難。我在失火的建築物裡，應該一次爬四階樓梯？我應該起身，在法官、陪審團與聽眾面前講個三十分鐘？對，我辦不到。但等一下。首先，我要起身，深呼吸幾次。好，我做得到這件事。現在，我要起身，到陪審團面前打招呼。好，完成。接下來，我要開始講述我論點的開場白。

就算能做的只有這樣，也沒關係。以此類推。

設定漸進式或次級目標，可和雄心勃勃的宏大目標在執行上彼此互補。雄心壯志的目標是維持動機與韌性的關鍵。要是少了遠大目標，放棄看起來就成了一個非常合理的選擇——「何必花這麼大工夫？」但如果只有宏大的目標，那麼過程中無可避免的挫敗，可能對士氣與信心造成難以挽回的傷害。舉例來說，二〇〇八年有一項研究，標題名稱取得很適切：〈專注大獎還是埋頭苦幹？〉（Eyes on the Prize or Nose to the Grindstone?）這是比較語言能力任務的表現，實驗對象被分為把焦點放在最初的宏大目標（大獎組），與著眼於較為次級的目標（埋頭苦幹組）。結果顯示：「專注於宏大目標的參與者，在情緒與期望會出現最大的跌幅。」[9]專注於大目標容易導致嚴重的失落感。你需要宏大的目標，也不能缺少小目標。大目標是為你帶來啟發，小目標則是讓挑戰變得可掌控，且讓你保持信心。

戴夫．伍茲爾描述他在那場建築物火災的情境時，首先提到大目標是撲滅火勢，但很快就把焦點轉向可達成的次級目標。火場是「一個混亂且難以預測的環境。我無法控制接下來將發生的事。你得同時承受身體與心理負擔、時間緊迫以及高溫。穿著消防員服裝時一定超過攝氏四十度，而這種情況下大腦不甚靈光。我得把事情拆解一下。我不要想著撲滅火勢，而是要想，現在只要前進幾步，先穿過那扇門。這樣就好。」

打破定勢

我家有一隻狗，名叫奧丁，是隻活潑又親人的黃金獵犬。每次帶牠去散步，大家看到牠多半會露出笑容，也常停下腳步來摸摸牠。不過，還是有少數人會害怕的往旁邊閃。我會跟他們說奧丁很溫馴，並把牽繩拉緊讓奧丁靠近我。牠們會微笑點頭，但依然保持距離。有時候他們會稍微解釋一下，通常是「我小時候被狗嚇過」這一類的原因。這種反應其實不算理性：不同的狗、不同的狗主人，時間、地點與環境也都不一樣。然而，他們的反應——恐懼——卻很真實。因為曾有過不好的經驗，而喚起了壓力反應，便形成了「應該害怕狗」的偏見。

在這個例子中，是「ABC模式」在運作。這項模式是亞伯特・艾利斯博士（Dr. Albert Ellis）於一九五五年提出。ABC代表的是觸發事件（Activating Event）、信念（Belief）與結果（Consequence）。[10]當一個觸發事件發生後，會產生對該事件的某種信念，而這個信念會帶來後續的結果。情緒或心理結果並非由事件本身直接引起，而是由事件所形成的信念導致的。我在遛狗時遇到的人告訴我，他們過去遇到狗曾發生不好的經驗（觸發事件），造成他們對狗的恐懼（結果）。過往經驗在他們內心產生的信念是，狗很可怕，而正是這個信念導致他們目前的恐懼。事實上，大多數的狗並不危險，也不需要害怕，但對內心已形成「狗很可怕」這個信念的人來說，事實並不重要。正如莎士比亞戲劇中，哈姆雷特曾說：「世事本無好壞，是人心使其有優劣之別。」[11]有人內心認為狗不好，因此對他們來說，狗就是不好。

從出生之後，我們的經驗就會在無意識間形成信念系統，而我們隨時都秉持這套系統度日。當某件事發生時，可能會改變我們的信念，而這信念常會被放大、延伸，於是對單一事件產生的信念，會變成對一整類事件的普遍看法。例如

「我被狗咬過一次」，就可能變成「我覺得所有的狗都可能咬人」。從事件中學到教訓是正常且必要的，比如：「我應該要小心不熟悉的狗」。問題在於把一次的經驗過度泛化，才會帶來不必要的恐懼或困擾。

我們的信念結構，與行為和表現密不可分。過去的行為與結果會影響我們的信念。而這些信念的改變會泛化，使我們未來更可能重複同樣的行為。比如，我數學考壞一兩次，就會變成「我數學很差」或「我考試不行」，導致未來表現低落。當我們因為自己的行為而經歷某件事時，這會觸發已有的信念系統，而我們往往不假思索的接受結果。因為曾經發生過，才產生了這種根深柢固的信念，後來就變成「事情就是這樣」。

追求卓越的人會學習質疑與控制信念系統。我們無法掌控過去的事件與結果，但可以控制自己如何回應（事件與結果不在我們的圈圈裡，但是如何回應則在我們的掌握中）。

假設你不小心掉了一顆蛋，把地板搞得髒兮兮。這就產生了ABC的結果：我掉了一顆蛋，我相信自己總會讓蛋掉到地上，結果就是，我一定是個笨手笨腳的人。這結論挺合理的：如果你相信自己總會讓蛋掉到地上，那麼你的確可能是笨手笨腳的人。不過，你是否曾暫停下來，質疑過這種信念？你真的**總是**讓蛋掉下來嗎？可能不是。因此是你的信念建立起「笨手笨腳」的結果，而不是那個事件導致的。那個事件就只是把地板弄得髒髒的，讓奧丁去清理而已。

假設你又犯了同樣的錯誤，但這一次你以積極的心態來面對。蛋「啪」一聲落地，蛋液橫流。然後這信念冒了出來：「我老是讓蛋掉地上」的不理性結論。但現在，你有意識的以合理的思考介入：不，不對，我忘記上一次失手掉蛋是什麼時候了。我才不笨手笨腳。既然這次才掉了一顆，說不定以後再也不會發生了。我要辭職，改當專業雞蛋雜耍人！我來嘍，ESPN！

固著的不理性信念，經常以負面的自我對話形式出現。當你犯了個錯，又正好是在壓力下時，那些負面思維可能會愈滾愈大，其所蘊含的不理性會產生威脅，讓人一錯再錯。要避免這種惡性循環，就是讓證據說話。「過去六個月，我到底失手讓幾顆蛋掉下來？就只有這麼一顆。喔，好吧，所以我應該不是一直笨手笨腳。」

舉例來說，運動員就能參考他們的統計數字。犯下失誤的內野手，或者（美式足球）外接手漏接傳球，他們都知道這類情況在統計上其實非常稀少，因此能靠著實際證據，避開負面的自我對話。負面自我對話可能會一語成讖——為了一次失誤責怪自己，可能會導致下一個失誤。但是正面的自我對話也可能會帶來正面影響，因此當你搞砸某件事情時，先讓自己喘口氣。看看證據，並開心的告訴自己，「很好，這次失誤已經結束了。」

值得慶幸的是，我們每天都會經歷ＡＢＣ，遂能獲得許多機會對抗「Ｂ」（信念），並改變Ｃ（結果）。當觸發事件發生之後，留意你的信念系統如何起作用。會產生什麼自我對話？造成什麼後果？如果你介入、質疑那種信念，並對抗自我對話，會發生什麼事？你注意到任何情緒改變嗎？或行為上的變化？常常練習，就能成為你的新預設模式。

當舞蹈選手潘妮洛普．帕米斯在練習或比賽中途犯錯時，她會苛責自己。她的固著信念系統立刻啟動。「我開始責怪自己，感到挫折。我告訴自己我做不到，或這件事有多難，或是我永遠做不到。」不過她會介入這些負面的自我對話。她告訴自己，「就算以前做不到又怎樣？你遲早會成功的，只是還沒做到而已。」

潘妮洛普練習自我關愛，當作是對抗ＡＢＣ信念的辦法。「我有一次讀到，你怎麼對待自己的狗，就該怎麼對待自己，」她說，「你會摸摸狗兒，揉揉牠肚子，說牠是好狗狗。當我沮喪的時候，我也會撫撫手臂、拍拍腿部，告訴自己我是個很棒的小狗。這樣能讓我冷靜，讓我露出笑容。我提醒自己，我在舞蹈中追求的是喜悅。」

另一種方式，是像好朋友那樣跟自己對話。這個朋友沒有你的ＡＢＣ系統，因此大概不會以固著、責備的信念，對你的錯誤起反應。他們會很和善，給你一些正面回饋，或許還會提出建設性的建議。你的ＡＢＣ系統想把你困在糟糕的結果裡，但你的小狗和朋友會幫助你避開這種情況。

放進黑盒

二〇一九年春天，美國女子足球隊在加州大學聖塔芭芭拉分校的球場上練習。在傳球、射門與呼喊聲此起彼落的同時，會反覆聽見她們喊著：「放進黑盒！（Black-box it!）」像是隊長梅根・拉皮諾、卡莉・勞埃德與亞莉克絲・摩根，會在隊友發生失誤時，對彼此這樣喊話。我有幸一睹她們練習，這句話聽起來猶如音樂般悅耳。

我很榮幸和女足隊合作，為即將在法國舉辦的世足賽做準備。我在聖荷西與聖塔芭芭拉的兩處訓練營，教她們培養面對逆境的耐受力，其中一個課題就是如何把負面事件隔離起來。在比賽中，若情況走調，或發生意料之外的事件時，要把這個事件以及相關情緒和反應先放到一邊，好讓自己專注於當前的任務。我用的比喻是把東西放進黑盒。許多和我合作的人，包括那些女足球員，會把這個概念當成動詞使用，他們會說「把它黑盒掉」。

放進黑盒這種技巧，可抵消ＡＢＣ固著信念的傾向。在執行一件事的過程中，如果發生負面情況，會啟動ＡＢＣ模式，捲入負面自我對話與情緒的漩渦。電競選手艾力克斯・梅爾斯稱之為「崩潰」（tilted），這是玩家的行話，指比賽中因為不順而感到惱怒或煩躁。「這在比賽時屢見不鮮，」艾力克斯說，「我預期某人會以某種方式打，結果不是那樣，就發生了意料之外的事。我覺得崩潰時，就把問題放進黑盒。想像有個盒子，任何突如其來的情緒都可以丟進黑盒裡。無法掌控的事情總會發生，這種時候，就把它扔進黑盒。」

意料之外的事情，可能讓你在比賽時失常，影響獲勝的能力。把錯誤扔進黑盒，能讓你專注在當前的任務上。如果你在演說或講課時，剛開始的幾分鐘就說錯話，持續掛心著那個錯誤，只會妨礙你接下來的表現。把會分心的事情扔進黑盒，也就是「隔離」，能把你拉回來，專注在手上的事情。上場時若有負面情緒蔓延，就很難對抗。但我發現，黑盒的比喻很有效，它提供了一句可以重複默念的短語，以及一個能夠想像的畫面。有些人會使用不同的心法或意象。我曾聽過美式足球聯盟球星喬治・基特爾（George Kittle）提到，他在手臂上畫了個紅色的重新啟動按鈕。當他需要遺忘一個糟糕表現時，他真的會去按下那個重啟按鈕。心法或意象究竟是什麼並不重要，重點是，你必需要有一個能夠持續使用的方法。重複念誦短語（或按下按鈕）的行為，加上想像干擾消失的畫面，才是最重要的部分。

重啟黑盒

艾瑞克・史波斯特拉在每場比賽結束後，會與邁阿密熱火隊球員坐下來，一同分析比賽中值得注意的事件。他稱之為「行動後檢討」（after-action review），這和我當年服役時所使用的術語相同。「實際情況是什麼？做得好的地方在哪？我們能學到什麼？還有哪些可以做得更好？」他會這樣問。「養成這樣的習慣，能幫助我們擺脫只看結果的思維，轉而以過程為導向。總有值得學習和改進的地方。我們鼓勵球隊中每個人都真誠坦率，還要有勇氣承認自己的錯誤。這樣一來，球員也會更願意坦白自己有什麼困擾。跨越那道阻礙之後，你就能擁有真正安全的空間。」

在比賽過程中總會發生許多事，像是上籃失誤、裁判吹黑哨，這些狀況都需要放進黑盒。艾瑞克的行動後檢討，是把黑盒重新打開，清理一下，讓球隊準備好面對接下來的比賽。球員與教練在情緒退卻後，拉開一段距離回顧比賽過程，這樣的時間緩衝能幫助他們更客觀的看待表現，目的不是批判，而是學習。這樣的檢討成為團隊文化中很重要的部分，也讓球場外的問題有機會浮現。「大家都知道勝利需要什麼條件，」艾瑞克說，「不過，一旦開始比賽，進入賽季，各種干擾就會出現。個人的議題、媒體的噪音……如果不處理，就會成為阻礙。你得留意這些事。」他的行動後檢討，就是防止球隊分崩離析的關鍵技巧。

把東西放進黑盒後，要找個時間點打開。回顧在表現中發生的關鍵事件與情緒，無論好壞，都要客觀的分析發生了什麼、原因為何。盡量別帶著情緒，別指責，而是要專注於從經驗中學習成長。當你打開盒子時，要確保你身處於有情緒安全感的空間，遠離會以批判態度來扭曲過程的人。一開始，先肯定自己當下的情緒；在犯錯時感到挫折或憤怒是正常的，沒有關係。如果出了問題導致你產生情緒反應，不妨以ＡＢＣ模式來拆解，是什麼信念觸發了你的情緒或自我對話？那個信念合理嗎？一般來說，表現上的失誤會觸發與聲譽相關的情緒：我犯了錯，現在大家會更不看好我。如果發生這種情況，則重新回到那一刻，把焦點放在你的自我認同與價值觀上。

一旦釐清了情緒，你就能以客觀的態度評估表現，並加以改善。特技飛行員安東尼・歐辛努加就是個好例子。「我剛開始學的時候，曾和飛行教官一起飛，練習一種叫『金魚』（goldfish）的特技。這個拉升動作相當困難，有段時間，我整個人是綁著安全帶倒吊著，結果因為承受太大G力而昏了過去。醒來後，問教官可不可以再練一次，結果又昏了過去！」

在每一趟飛行之後，安東尼會進行一個表現後的例行程序：坐在飛機上，回顧剛才的過程。在經歷兩次因「金魚」動作而昏厥之後，安東尼明白自己必須增強對G力的耐受度。「我花了整整一個月，研究在經歷那樣的重力時究竟會發生什麼事、為什麼會昏過去。我了解到我得更努力鍛鍊，讓自己更強壯，這樣當我在做拉升時繃緊（收縮）肌肉，血液就會停留在腦部，不會昏過去。」安東尼這套重啟黑盒的檢討流程，能協助他擬定改善計畫，降低未來飛行的壓力與風險。

團隊意識

最後一項處理壓力的方式，是記住你為什麼要做這件事。第三章已探討過其中一些因素，包括個人信念與核心動力。但這個目的經常還有另一個構成要素：團隊。在許多上場表現的場合中，你並非孤軍奮戰，而是身邊和背後還有一組團隊。提醒自己這一點，這樣在表現前與過程中，會帶來強大的安定力量。

我和海豹部隊合作時，屢屢觀察到這個影響。在這個群體中，團隊的凝聚力格外強烈。他們對隊友的關心，遠超過對自己的關心；他們的情感幾乎就像父母在保護孩子。當他們展開任務或訓練時，會看著彼此，心裡明白任務成功的壓力並不會全落在自己一人肩上。他們知道，沒有人會退出，而且每一步都能得到隊友的支持。有意識的提醒自己團隊的存在與支援，既能激勵自己，也能帶來平靜的力量。

提姆．墨菲（Tim Murphy）是心理學家、作家與美國國會議員，在二〇〇三到二〇一七年擔任眾議員。我是在二〇一一年認識提姆，那時我是西岸海豹部隊的首席心理師，而他則是海軍預官（同時在國會任職）。當時他正於停靠在科羅納多的卡爾文森號航空母艦（USS *Carl Vinson*）上服役，有一天他打電話給我，希望能見上一面，他想了解更多關於海豹部隊的心理韌性計畫。

提姆不斷提倡心理健康，對於他所發起的家庭心理健康法案尤其自豪，那是他在二〇一二年康乃狄克州紐敦鎮的桑迪胡克小學（Sandy Hook Elementary School）發生大規模槍擊案後所提出的，其中幾項條文最後由國會通過立法。他回憶起法案聽證會，及當初推動這項法案時所面臨的政治壓力。「一項法案的最後審議（mark-up）過程是很粗暴的，」他說，「我有些議員同僚準備讓我難看。」為了控制壓力，提姆把團隊放在內心最重要的地方；在這次的情況下，團隊指的是他提出法案時想協助的人民。「我推動這項法案的初衷，是因應大規模槍擊事件而生。我必須和許多受害者與罹難者家屬談話。聽證會開始時，我把所有在桑迪胡克小學失去生命的孩子照片，放在我面前的桌子上。這法案不是為了我，而是為了他們。我不是假裝冷靜，而是真的很冷靜。我進入戰場，全力奮戰。」

派蒂．布蘭德梅爾（Patty Brandmaier）在關鍵時刻，同樣藉由把焦點放在團隊上，以減輕壓力。派蒂任職中央情報局（ＣＩＡ）三十二年，從分析師做起，後來在各單位間輪調任職，最後七年成為資深主管團隊，直屬主管就是中情局長。她在國內外任職，帶領團隊數次參與關鍵任務，掌管中情局與國會及國防部之間的關係，曾三度獲頒局長獎，亦即由中情局長親自頒發的殊榮。二〇一四年退休時，獲得情報職業生涯傑出勳章（Distinguished Career Intelligence Medal）。

派蒂從賓州州立大學畢業之後獲得中情局錄用，並立刻愛上這份工作。「在那裡什麼都能做。我一開始是走分析這條路，後來發現不那麼喜歡。我最大的挑戰，是要培養出在面對不感興趣的工作時，依然能保持紀律做事。我漸漸朝著喜愛的事情前進，常換部門，這些部門也不斷提拔我。」

派蒂的專業歷程涵蓋好幾個職位，在中情局的反恐中心的職責與資歷逐漸提高，因此二〇〇一年九月十一日，第一架飛機撞上紐約世貿中心時，她清清楚楚知道該做什麼。她根本來不及出現壓力反應，就得建立一組團隊。「我們得趕快組織起來，準備好應對接下來可能發生的任何事，保護國家。當大家都在撤離大樓時，我反而直奔反恐中心。」

派蒂很擅長我在這一章詳述的壓力管理技巧，包括如何在面對挑戰時引導自己的情緒。「我是個感情豐富的人，」她說，「我甚至曾在局長面前掉淚。情緒是會傳染的，這是我從慘痛經驗中學到的。我的情緒曾影響到其他人。我的領導信條中，其中一條最重要的就是理解自己，我必須知道什麼事情會觸發我，好讓我處理那些觸發因素。」九一一恐怖攻擊無疑是其中一個強烈的觸發因素。派蒂與團隊迅速成立危機管理中心，協助國家判斷正面臨何種威脅，分辨哪些是真的，哪些是假的。「我們不知道接下來會發生什麼事。我們全天候工作，而大家都很害怕。我知道我在眾人面前展現的樣子很重要。」

派蒂說的沒錯：壓力是會傳染的。掌控本章所談到的技巧，不只有助於提升自己的表現，也有助於強化身邊夥伴的表現。正如派蒂在九一一攻擊事件後所言：「我不能讓我的壓力與焦慮轉移到他們身上。這樣大家才能一起掌控壓力。」

接受良性壓力

對神經外科醫生喬・馬魯恩來說，壓力與心態的關係是緊密交織。「壓力是好事，」他說，「我們需要壓力。要成為更好的運動員，你需要鍛鍊身體的肌肉。壓力則會鍛鍊你的心智。你在做某件事時，壓力會召喚出你的專注力與強度。有良性壓力，也有令人苦惱的壓力。追求卓越的人會學習如何處理惱人的壓力，這樣就能回歸到良性壓力模式。」

懸崖跳水者大衛．柯特里也所見略同。當他站在距離水面約三十公尺的懸崖邊俯視下方水域時，不免膽戰心驚。「對表現優異的人來說，恐懼與壓力從來不會消失，始終存在。那麼，我該如何應用呢？我試著讓它成為一種激勵因素。如果我對某件事情焦慮，例如受訪或演講，那就會激勵我更努力準備，表現也更好。恐懼幫助我日日持續進步。」

我們以這一整章的篇幅，學習如何做好準備，紓解人類的壓力反應。紓解並不是消除，畢竟壓力雖然會造成許多不良影響，但也有好的一面。一旦你把本章談到的技巧練得滾瓜爛熟，就能成功消除（或大幅減少）生活中令人苦惱的壓力。不過，壓力還是存在，這是好事一樁。你會知道如何掌握壓力，把它變成有助於表現的正面力量。

心理學家艾莉雅．克拉姆、彼得．沙洛維（Peter Salovey）與尚恩．艾科爾（Shawn Achor）稱這種現象為「壓力悖論」（stress paradox）。在他們二〇一三年發表的一篇論文中，引用了大量研究，證明壓力也有正向層面，包括對當下的影響（強化覺察、更加專注），以及長期影響（主動性提高、採取新觀點、掌控感、更強的意義感）。這些都是所謂「壓力相關成長」的表現，也就是人們因為壓力而從根本上有了正向改變。他們進一步指出，人們對壓力的心態，本身也是影響壓力反應的一個變數。多數人認為壓力是有害的，這種「壓力令人衰弱」的思維，實際上會加劇壓力的負面影響。變成壓力與心態的惡性循環。然而，若能翻轉這種信念，就能培養出「壓力有助成長」的心態，這本身就是一種控制壓力的技巧。[12]

我並不是說壓力是好事。有時候，壓力是因為我們寧可不要碰到的困難生活事件而觸發。但無論壓力是衍生自重大問題，或是日常瑣事，或介於兩者之間，對身心來說都是個信號，代表我們面臨重要的事。這情況本身是有好處的。凱莉・麥高尼格（Kelly McGonigal）在其著作《輕鬆駕馭壓力》（*The Upside of Stress*）中提到，「當你在意的事情岌岌可危時，就會產生壓力。」[13]如果我們更能掌控壓力反應，就能讓自己不那麼常逃跑，而是更勇往直前。

彼特．納夏克曾是海豹部隊的成員，他退役後，花許多時間輔導一些追求高績效者的心理表現，包括幾位奧運選手。「每當他們說，這只不過是另一場比賽時，聽了總令我不舒服，」彼特說，「這不只是另一場比賽，這是奧運！那就像有人在雨中奔跑，嘴裡卻說：『沒下雨啊。』明明就在下雨！」這章所介紹的技巧，能幫助你建立信心，在逆境來臨時，你已經準備好應對。你能減輕並抵消壓力帶來的不良影響，從而更能擁抱壓力的正面效應。

「不要試圖擺脫緊張，」彼特建議，「而是要善加利用。緊張是身體在告訴你，這件事情很重要。感覺到一點害怕挺重要的，可以強化感知、保持警覺，告訴你該是有所作為的時候了。我在戰場時，可不想當個聖人甘地。你在打仗時，那真的是最好的辦法嗎？」

刻意進化行動方案——逆境韌性

逆境韌性指的是，在遭遇困境時，有能力掌握人類的壓力反應。要培養逆境韌性，就要練習與應用下列技巧：

- 運用五感，想像即將上場的情況，這樣當真正要上場時，會有經歷過的熟悉感。在表現結束後也運用視覺化，檢討這次經驗，從中學習。
- 要未雨綢繆，對所有可能出錯的狀況擬定備援計畫。充分練習，發展出自動化，萬一發生意料之外的事情，就不必耗費心思，立即可採取正確行動。
- 要能自我覺察。在上場表現之前，要評估心理表現的生命徵象，減少分心。處理或體認生活可能造成壓力的不同面向，找出其中的因素。
- 練習4444呼吸法：練習呼吸，吸氣四秒、吐氣四到六秒，每天練習四次，每次四分鐘。

- 建立表現前的例行流程：這是給身體與心靈的實體訊號，代表要表現的活動即將到來。
- 把令人膽怯的大型目標切割成容易達成的較小目標。
- 打破定勢，對抗固著的不理性信念，以及隨之而來的負面自我對話；以理性、有證據支持的正向自我對話來取代。
- 如果在表現時發生意料之外的事，則把它放進黑盒。先藏在心中，別再為它進一步分心。
- 在結束後重啟黑盒。檢討這次表現過程中顯著的事件與情感（無論好壞），並客觀分析究竟，以及為何如此。
- 要鼓勵自己、讓自己平靜，在表現之前與表現期間，別忘了你有隊友。

07

調節復原

我總說團隊裡不能有任何混蛋。但如果我自己就是那個混蛋，又怎麼能說團隊裡沒有半個混蛋？

——史蒂夫・伊杜克斯（Steve Idoux），
諾德保險福利顧問部門總裁暨合夥人

史蒂夫・伊杜克斯向來認為，他會比每個人花更多時間工作，這就是他的成功之路。「我的態度是，我會投入更多時間，」他回憶道，「你半夜、清晨五點、週末打電話給我，我都會接。我狂喝健怡可樂。我比你更有韌性、更精力旺盛。」有一天，史蒂夫坐在辦公室。「前一天晚上和客戶吃飯，有點疲累。正好一位客戶出了點問題，於是我們的團隊同事走進來想討論。突然間，我發現自己在對他吼叫。我變成齜牙咧嘴的那種人！我還記得他的表情。我不想成為那樣的人。那不是我，也不是這家公司需要的人。我很有熱情，但表現出來卻像在羞辱別人。諷刺的是，我愈是成功，就愈常生氣。我想要像賈伯斯那樣，永不降低標準。如果我看到標準降低，就會猛烈反應。我總說團隊裡不能有任何混蛋，但如果我自己就是那個混蛋，又怎麼能說團隊裡沒有半個混蛋？」

我是二〇一九年開始和史蒂夫合作，首要任務就是找回平衡。史蒂夫太過於投入工作，忽視生活中的其他層面。但不是只有他會這樣，這種情況你可能也不陌生。許多人會以自己「做了什麼」來自我定義，但事實上，我們遠遠不只如此。

到底還有哪些面向呢？我認為人生是由六大「支柱」所構成：

- **工作**——你的職業與志業

- **關係**——親密關係、家庭、朋友與同事
- **健康**——運動、營養與其他維持身體健康的層面
- **靈性**——一種相信並實踐某種超越身心的意義與目的的信念。可包括宗教，但沒有宗教信仰的人也能擁有靈性
- **嗜好**——我們為樂趣、學習或參與社群所從事的活動
- **傳承**——我們會留下什麼？

完整幸福的人生，不能光憑一兩根支柱，而是需要六大支柱共同撐起。我把它們想像成撐起房子的支柱。一棟房子若是只靠著一兩根柱子支撐，一定不會穩固。若其中一根柱子無法支撐，整棟房子就可能垮掉。但如果這棟房子有四、五甚至六根柱子的穩固基礎，即使有兩根柱子受損，房子仍能屹立不搖。但人若失去平衡，把精力完全投入其中一根柱子，失敗的後果就會比較嚴重，壓力也會增加。如果你的人生只有工作或事業，那你最好表現得完美無比，因為沒有其他東西可支撐你往前。當逆境發生時，平衡可以讓你站穩腳步，因為你還有其他支柱

可以依靠。我見過最優秀、最健康的人，會持續照料澆灌這六根支柱（而且他們都不會介意偶爾混用比喻！）。這沒有一套一體適用的最好公式，每個人都不一樣。重點應該多放在平衡的過程（定期思考自己對每根支柱的投入），而非結果（這根柱子花了X小時、那根柱子花了Y小時。）

我和海豹部隊合作時，偶爾會聽到一種對「平衡」的偏見。這種想法是，如果你不把焦點只投注在當個優秀的海豹部隊成員，就不會有好表現。這並不正確。平衡能提升表現。我知道的最佳例子，就是棒球投手瑞奇・希爾，我輔導過的運動員中，沒有多少人比他認真、自律與專注。我見過他不時以認真的態度，讓隊友振作起來。但在球場外，瑞奇也展現出當個父親、先生與群體成員的榜樣。「我每天晚上都和家人一起吃飯，」瑞奇提到家庭生活時說道，「我回家之後，就把一切留在球場上。你在家時，就是個爸爸、是個丈夫。在球場上，你是球隊成員、比賽選手與朋友。」

有許多研究都支持「平衡」的重要性，這樣可以帶來更幸福、更好的表現與生產力、降低耗損，提高工作滿意度、更健康長壽、更有創意。舉例而言，二〇一三年有一項研究，是以七個國家、一千四百一十六人為研究對象，發現較懂得平衡的人，生活滿意度更高，也比較少焦慮或憂鬱的問題。[1]二〇〇九年有一篇評論指出，擁有優質平衡制度的公司，在員工留任與招募方面表現也更佳。

平衡對於成功轉換人生階段也很重要。我看過許多海豹部隊成員在退伍後過得挺不自在，但也有許多人適應得很好，關鍵差別通常在於他們的「支柱」健全與否。那些擁有充實社交、家庭和心靈生活的人，總是能過得更好。

回到第三章，我們談過要為這六大支柱的每一根設定目標。我的個案在進行這個練習時，幾乎都只著重於其中一兩根支柱，通常是工作與人際關係（主要是家庭關係）。這很正常，並且也在意料之中，但還不夠好。你希望在這六個面向中分別努力、達成什麼目標？舉例來說，嗜好可以包含純粹為了樂趣而做的事，但如果挑一件你想要精進的事情，也很有幫助，像是學習新語言、烹飪、前往沒去過的國度或地區旅行，並專注在這件事情一段時間。

目標不一定是非得在短期甚至中期達到平衡。人生有些時期，我們只能全力投入其中一兩根支柱（通常是工作或家庭）。在那些時間，要覺察到你在其他支柱的缺乏，並在心中承諾，不久之後要找回平衡。舉例來說，規劃假期不光是為了與家人或伴侶有更多美好的時光，也要讓嗜好、靈性或其他正在弱化的支柱有所收穫。這對於追求卓越來說非常重要。

設定這些目標可能令人退卻，不妨找個可一舉兩得或甚至一舉數得的目標，讓過程不那麼複雜。我可能會設定一個目標，例如每週和妻子去打匹克球（前提是她同意！），這樣就有助於達成健康、嗜好與關係方面的目標（不過，賽前向匹克球神祇祈禱，是無法滿足靈性目標的）。正如太陽馬戲團的演出者與創意指導班恩．波特文所言：「達到平衡並不是抵達目的地。你在過程中，必須把力量專注於這些支柱，讓每一根支柱都能成長。」

適時取捨，保持平衡

就算有些目標能合併起來，但是要為六根不同的支柱設定目標，不免令人覺得難以負荷。光是扛起工作與家庭的擔子就夠辛苦了，不是嗎？奧勒岡州資深助理檢察長迪娜・瑞爾森回憶道，在她成長過程中，「我們這個世代宣揚的是，女人可以什麼都要。事業、家庭與人生，全部都要。但我後來發現，你無法擁有一切，還同時把每件事都做得很好。我試了好幾年，也付出代價。我把所有心力都投入在事業上，遠超過家庭，直到今天都為此後悔。」迪娜不斷在檢察官與母親的角色之間轉換，並覺得兩個角色都沒有做到最好。通常不會惹她生氣的事情，也會讓她煩躁不安。「你不是在生那些碗盤的氣，而是其他問題讓你倍感壓力。」

我與迪娜合作後，她逐漸了解到，她可以擁有一切，但無法同時擁有。在撫養兩個兒子的過程中，她開始根據當時的情況調整自己的優先順序和目標。「疏漏就是會出現，」她說，「一旦明白這一點，就得原諒自己。如果我想在工作上達到心目中想要的樣子，就必須犧牲在家庭裡的某些部分，反之亦然。現在，如果工作不那麼緊急，我就花更多時間陪伴家人。我先從那些沒得商量的事情開始。如果即將開庭，就沒辦法。但我也絕不錯過兒子的校友返校比賽；這同樣是不能妥協。我列出這些不能變動的事情，再看剩下的如何安排。」

在談到你的六大支柱時，時機就是一切。年紀與人生階段是會變動的。像迪娜這樣正處於職業生涯中期、同時養育孩子的人，必須把大部分時間與力氣放在這兩根支柱上。而剛退休的人或空巢期的人，就有餘裕培養嗜好，和參與社區活動。沒有必要隨時都做到百分之百的平衡（亦即把時間與精力平均分配給每一根支柱）。這樣也很好。正如迪娜與許多人都體會到的，有時候要完全平衡是不可能的。但要能察覺到生活中的失衡狀況，是出於你有意識的選擇，並在情勢改變時，擬定應對計畫。

要善用時間這項資產。我們在第五章談過，要擬定時間管理流程，確保你將時間投入在最重要的優先事項上。想維持平衡，則要進一步標示你是如何使用時間的。當然要分配工作的時間，但也要安排給健康、親友、心靈反思等時間。若以色彩來標示這些項目，你就可以從每週行事曆中看出自己的平衡狀態。若發現失衡，你可以選擇如何調整你投注的時間，無論是現在或未來。別太容易放棄。要在幾天或幾個星期之內達到平衡可能不容易，也難免顧此失彼。但如果是幾個月呢？以這時間長度來看，當然還有空間能兼顧生活的各個層面。這不是奢求，而是現在與未來都能持續保有高績效的必要條件。

當你將時間與注意力投注在不同的人生支柱時，要努力避免分心。活在當下、專注眼前，這雖然是老生常談，對維持平衡卻很重要。大家都知道，執行者在上場時當然需要全神貫注，你總不希望醫師在幫你動手術時，腦袋裡想著即將到來的約會吧。但反之亦然，就像執行任務時要排除干擾並全心投入，想保持生活平衡，你在工作之外、非上場表現的時刻，也需要相同的自律。當你和孩子一起玩，或和伴侶共進晚餐時，你的思緒多頻繁的飄到即將進行的重要會議或事件？是不是很常發生？對多數人來說，這就是可以改善的地方。別去想接下來要發生的事情，讓自己活在當下。

邁向復原之路

海豹部隊的馬庫斯．盧崔結束在阿富汗的磨難回到德州後，我花了一個星期與他和他的家人相處，協助他重新適應家庭生活。幾天後，他的朋友登門造訪。他們想要幫助馬庫斯，還想出一個好辦法：帶他出去走走。做什麼呢？打靶！

想像一輛賽車，在賽道上全速奔馳，但為了持續前進，就需要偶爾進站維修，花點時間修復：更換輪胎、裝滿油箱、檢查煞車或方向盤。等比賽結束，還要回到車庫進行更全面的維修保養和調整，才能迎接下一場比賽。馬庫斯的情況也一樣。他還沒準備好拿起槍，即使只是為了娛樂。他需要更多時間來恢復。我和那些好心的朋友聊了一下，一起想出另一個既能讓馬庫斯享受樂趣，又能給他所需時間與空間繼續療養的活動。不然，改成釣魚如何？

成為高效執行者的一個關鍵要素：給自己一段時間與空間，從高強度的任務中恢復過來。執行任務會讓你的壓力反應升高，而復原則能讓你冷靜。你要在生活中建立休養生息的時間，必要時，就安排進行事曆中。前海豹部隊成員彼特·納夏克說，他身處外派期間通常會恢復得較好，因為他會刻意安排復原的時間。「我在伊拉克時，會更專注於休息時間，」他說，「對任何事都專心致志、有重心，沒有任何事能讓你分心。」

他回歸平民生活時，復原反而沒那麼簡單。因為在家裡、工作與日常生活中事情更多，彷彿多頭馬車。他強調，恢復需要刻意投入心力。「你休息的時候，是真的在休息嗎？」

復原可以是讓你開心愉快、心平氣和的任何事，不會啟動壓力反應，例如帶小孩去吃冰淇淋、和伴侶一起做飯、遛狗、在公園或森林裡散步。這些都是理想的活動，沒有壓力、沒有評分，也沒有競爭或焦慮。許多我曾合作過的人，例如NBA邁阿密熱火隊的總教練艾瑞克·史波斯特拉就很熱中於運動。「大家都知道要給我一些時間運動，尤其是在一場艱難的比賽之後，」他說，「我剛開始這樣做的時候，工作人員會不停打斷我。我還特地開了一場會議，告訴他們這段時間不要來煩我。我這樣做，才能對你們更有幫助。」

最好的復原工具，是人人都能掌握的做法：睡眠。可惜的是，雖然有些人很容易入睡，但對某些人來說卻是個挑戰。我會推薦酸櫻桃汁給這些人。這種櫻桃不同於市面上常見的甜櫻桃。酸櫻桃呈鮮紅色，較小也較酸，而甜櫻桃顏色較深、味道較甜，會用來製作冰淇淋。酸櫻桃富含花青素，這是它色澤鮮明的原因，也具有消炎與抗氧化的功效；酸櫻桃還有褪黑激素，有助於調整睡眠。這樣就能解釋其所蘊含的眾多健康功效：消炎、修復肌肉，還有（沒錯！）提升睡眠的時間與品質。正因如此，許多海豹部隊成員會在睡前喝幾盎司酸櫻桃汁，許多職業運動員也會這樣做。

酸櫻桃汁是睡眠的好夥伴，而睡眠的敵人就是智慧型手機、平板、電腦或電視螢幕。大腦中有個稱為「松果體」的部位，它會根據光線來調節作息。在人類發明人工照明之前，日落就會啟動松果體，讓體內充滿褪黑激素，這種與自然生理時鐘相關的荷爾蒙能幫助身體進入睡眠模式。人造光會延遲這個過程，但禍首則是來自手機與其他螢幕的「藍光」。這種光波長較短、能量強，有助於提高警覺與注意力，但如果目標是睡眠，則適得其反。

如果你晚上還在用手機或筆電，就是在告訴大腦現在還不是睡覺的時候。對許多人來說，關掉手機、電視、電燈，然後期待自己馬上入睡，是不切實際的。因為身體不是這樣運作的。在關燈之前，試著給自己至少一小時的時間遠離螢幕，或把螢幕調成夜間模式，以減少藍光的影響。

許多與我合作過的菁英運動員會使用感官剝奪箱（或稱為漂浮艙）來恢復身心。漂浮艙是封閉的艙體，內部裝了淺淺的溫水，水中含有高濃度鹽分，讓人能輕鬆的浮在水面上，眼睛、鼻子與嘴巴都能舒適的保持在水面以上。這項治療原本稱為漂浮療法（Floatation-REST，降低環境刺激療法〔Reduced Environmental Stimulation Therapy〕）。漂浮艙是在一九五〇年代由研究人員發明，他們試圖了解大腦在完全缺乏感官刺激的環境中會有什麼反應。他們發現，在這樣的環境中，人不會睡著，反而完全清醒且高度警覺。這個結果很有意思，但也帶來一些問題，因為當時的漂浮艙是垂直設計，參與者必須戴上笨重的頭盔才能呼吸。因此，早期的漂浮艙市場僅限於高度自律或動機強烈的人，例如NASA太空人。幸好如今漂浮艙已改成水平設計，空間也更寬敞，目前美國各地已有數百家中心提供這項服務。

沒有多少人經歷過純粹的感官剝奪。總有些東西會刺激我們的五感。即使在子宮裡，胎兒也會感受到聲音與身體的移動。因此，剝奪所有感覺的輸入（也就是在漂浮艙所帶來的體驗）是一種強烈的感受。要是我剝奪你的飲食一個星期（只能喝水）會怎樣？最後你會飢餓不適（而且對我生氣），但除此之外，沒什麼大問題。如果這時我給你一顆蘋果，你咬下去的瞬間，會覺得這是你此生吃過最美味的蘋果。剝奪飲食一個星期，你的味蕾對一切都會變得超敏感。

漂浮艙對大腦產生的效果，就像食物剝奪對味蕾的影響一樣。當大腦在漂浮艙中暫時隔絕所有感官刺激後，出艙時就像味蕾經過一週沒吃東西——對任何刺激都變得極度敏感，進而提升思考與專注的能力。我多次見過這種做法的效用，包括海豹部隊成員與洛杉磯道奇隊球員（這兩個組織會定期使用漂浮艙）。在漂浮艙療程後幾天內，成員在專注度上都有明顯提高。海豹部隊成員射擊更精準、球員能更清楚看見球、企業主管看出舊問題的新解方（全面性的感官剝奪可能會令人不安，因此多數漂浮艙會提供微光或柔和音樂的選項，幫助初次體驗者更容易適應）。

在大自然中漫步也是一種有效的恢復方法。我們大多數人生活在都會或市郊環境，醒著的時間多半待在室內，大部分時間遠離自然。而愈來愈多研究指出，這種跟自然的疏離與心理疾病的增加之間存在關聯。我們愈是遠離自然，愈容易憂鬱與焦慮。相反的，即使只是短暫的置身於自然環境中（一兩個小時）也能帶來顯著的恢復效果。許多研究已證實這項發現。一項二〇一八年的研究顯示，親身沉浸在大自然中，恢復效果比看大自然的影片或運動更好。[2] 二〇一五年的一項研究則提出結論，在大自然裡行走九十分鐘，可以減少反芻思想（rumination），即反覆思索情緒的原因與後果，通常對心理有害。而且在大自然中行走，還可降低大腦和悲傷相關區域（大腦膝下前額葉皮質區）的活動。[3] 在大自然散步可以改善情緒、平靜思緒、減輕悲傷。這可不只是哪個很潮的心靈導師所提出的建議，而是人體生理機制的作用。

在大自然中漫步很容易做到。你不必搭大老遠的車，深入國家公園或森林。事實上，甚至連森林都不用，只要找個附近的公園或花園就行。不過，散步也需要一點專注力。把手機收起來，克制戴上耳機的衝動，讓五感完全投入周遭的自然環境。聆聽鳥鳴，觀察植物與樹木，感受臉上的微風與腳下的泥土。從某方面來說，森林浴恰好與漂浮艙相反，森林浴是讓五感完全開啟，漂浮艙則完全隔絕五感。不過兩者的好處卻很類似：恢復精力，提升專注力。

我也見過其他效果很好的恢復方式，包括瑜伽和冥想。此外，滑水選手麥克・道迪也有一套很不錯的做法。這位寬板滑水冠軍會使用漂浮艙、睡眠、問候他關愛的人等方法來恢復，但也建議可以做些自己不在行的事。他說，「有一種新運動：水翼板（wake foiling），駕馭的方法很不同，像乘著翅膀一樣。我很不在行，覺得超難的！所以我乾脆丟掉包袱，敞開心胸，不要想太多或太努力，只管好玩就行。」像這樣嘗試一些新事物，讓麥克有機會做些動態活動，暫時把訓練與比賽拋諸腦後。他可能沒讓身體休息，但心靈確實得到了喘息。

陳巍則是靠著吉他達到一樣的目的。「在花式滑冰時，我試著達到完美。但在做其他事情，例如彈吉他，我完全不會想要追求完美。我還是可以努力更上層樓，但不會覺得挫折。我沒必要成為最強的吉他手。」（我試著聯絡艾瑞克·克萊普頓〔Eric Clapton〕，想看看花式溜冰能不能讓身為世界第一吉他手的他得到復原，但他還沒有回覆我。）

最後是艾瑞克·史波斯特拉幫助球員走出艱困時期的一個方法：感恩。練習感恩有各種正面效果。根據二〇二〇年的一項研究，包括減輕憂鬱與焦慮，調節壓力反應，因此艾瑞克的做法是有科學根據的。[4]「球員在比賽或練習之後來到更衣室，總預期我會檢討他們。但有時，我會讓大家圍坐一圈，問他們，『在這場比賽之外，你有什麼值得感恩的？』或問，『你們如何走到今天這一步？』我參與過最棒的一些團隊會議，就是大家分享自己故事的時候。我會給他們一個練習：離開這裡之後，聯絡兩到三位真正幫助過你的人。一週後，我會問，那些人是誰。」艾瑞克的做法幫助球員找回內在的平衡，也有助於復原。這項練習提醒球員，他們在球場外是什麼樣的人，以及他們為了能站在這裡，已付出了多少努力，同時也給了他們一個喘息與充電的空間。

歡迎來到威廉索諾馬

在進入中情局工作幾年之後，派蒂．布蘭德梅爾突然停滯不前。上司告訴她，身為分析師的職業生涯可能陷入危機。這成為她「尋找自我」的時刻，也成為派蒂未來成功的催化劑。她開始思考自己重視什麼、希望以什麼聞名、喜歡什麼，以及想在哪方面產生深刻影響，並調整了自己看待工作與生活的方式。從那之後，無論是成功與挫折，派蒂總會抽空回顧這段經歷，以及她對自己與價值觀的認識。「每當我動搖，都是因為偏離了自己的目標與價值觀。當我重拾初衷，就能再度站穩腳步，無論對自己還是對他人都是如此。」專注於自我認同，促進了她在領導力成長、影響力擴展以及職涯發展方向上的進步。

為了幫助自己保持這種觀點，派蒂認為生活需要更加平衡。她認為，減少在中情局的時間，花更多時間從事其他活動，或許能幫助自己與那些核心目標和價值觀保持一致。她熱愛學習新事物與烹飪，因此找了一份晚上在威廉索諾馬（Williams Sonoma，高級廚房用品零售商）的兼職，甚至協助公司開設了新門市。除了在零售門市工作，派蒂也花了更多時間在當地的健身房舉重和騎自行車。這種新的平衡幫助她的職涯重回正軌。

平衡，正如「工作與生活平衡」，已是老生常談。然而，這對表現卻至關重要。只專注於人生中一兩個面向的人，等同於為自己埋下表現不佳的伏筆。這並不表示你必須每天（或甚至每週、每年）都兼顧人生的六大支柱。在現實生活中，很多時候你必須暫時放掉其中一些面向。但重要的是，你要清楚自己正在這麼做，並思考未來該如何重新取得平衡。

要是不確定該怎麼做，不妨到附近的威廉索諾馬門市走走，向親切的店員請益。她說不定就是中情局的成員。

刻意進化行動方案——調節復原

優質表現需要平衡——為生活的六個層面投入時間與力氣——也需要復原。在上場表現之後，給自己時間與空間，讓自己復原。練習以下事項：

- 允許自己不必面面俱到，可以有幾天或幾週的時間，在某些層面少投入一些。但你要能察覺這種情況，並盡快修正。
- 給自己時間與空間，從高壓挑戰中恢復。睡眠、運動、心懷感恩、親近自然、漂浮療法、瑜伽、冥想，以及做些你不擅長的事，都是很好的方法。

08 練習卓越

絕大多數的人都有某種天賦，足以達到一定的成就。但若要超越，更上層樓，則得學習。

——陳巍，花式滑冰奧運與世界錦標賽金牌得主

世界上最出色的人並非天生完美——他們的卓越是靠學習而來。他們練習本書所著墨的原則，讓自己在專業上持續精進。他們從深入了解自我開始：自己的價值觀是什麼？什麼驅動他們前進？我的個案會把這些整理成屬於自己的個人信

條，幫助自己做出決策。

他們會為人生的六個面向設定宏大的目標：工作、關係、健康、靈性、嗜好與傳承。在每個領域中，一個月、三個月、六個月後希望哪些目標成真？他們會擬定行動計畫，讓目標得以實現。

他們會選擇最能幫助自己的心態，以及恆毅力與成長等特質，追求持續進步。他們會透過可掌控的事情，啟動這些心態：態度、努力與行為。他們會盡力承擔風險，有時候會失敗，但懂得把那些經驗當作是機會，鍛鍊心態。他們會依照在生活中所扮演的角色來調整心態，因為在某個領域可創造卓越的心態，在另一個領域可能行不通。

比起結果，他們更重視過程。他們深知，只要專注且持續做好每一個步驟，成功自然會隨之而來。他們和大家一樣，一天擁有二十四小時，但他們懂得調整做法，以確保善用時間。他們重視一致性，若要改變，會重視方法，且必先諮詢過有效、禁得起考驗的資訊來源。當他們改變過程中的某個部分時，會循序漸進，看看效果如何，而不是一口氣推翻一切，從頭來過。他們能將失敗化為成功。

他們會透過練習與運用技巧，善加管理人類的壓力反應。這些技巧包括視覺化、備援計畫、自我覺察、4444呼吸法、表現前後的例行程序、切割目標、打破定勢、放進黑盒、重啟黑盒，且不忘團隊意識。了解與練習這些技巧，有助於他們在上場時的壓力下保持平靜與專注。

他們懂得如何保持平衡，在任務結束後給自己復原的空間，並在人生中的多個層面投入精力，而非局限於表現突出的那幾個。若時間與環境不允許，也會察覺失衡的狀態，並制定計畫，回到正軌。他們會主動運用各種技巧調節復原，從日常平凡（睡眠、帶小孩到公園）到較特殊的療法（森林浴、感官剝奪艙）等。

當我向公司、團體與其他組織演講學習卓越時，這些原則正是我所探討的內容。演講結束時，聽眾通常都既感激又好奇。他們幾乎都會問一樣的問題：我該怎麼開始？學習卓越最大的障礙是什麼？我該如何協助同事與隊友學習卓越？該怎麼教孩子卓越？（這問題最常出現。）最後，他們會問：我不覺得自己是菁英或表現頂尖的人，我也適用這些原則嗎？在結束這本書、跟你告別前，讓我們一起來解答這些問題。小提示：最後一個問題的答案是：當然適用！

訣竅超多的！我該從何開始？

人們在追求卓越時最常遇到的一個大問題，是將重點放在聲譽，而不是自我認同。因此，如果不確定該從何開始，那麼了解自我認同會是最好的第一步。請依照第三章的步驟，建立自己的個人信念，這將為你打下價值觀的基礎，為卓越奠定基石。你在做什麼、和誰一起努力，以及其他外在因素都可能改變，但你是誰、你希望成為什麼樣的人，這樣的基礎本質上幾乎不變。投入時間學習，並加以理解。

接下來，設定目標：包括短期、中期與長期目標。確切時間可能不同，但我通常會請個案從一個月、三個月、六個月開始。為你人生的主要面向設定目標（工作與家庭是很好的起點），並擬定行動計畫，完善的執行這些目標。

為了達到目標，你在時間管理上必須更有紀律。我在第五章提出一種方法；不過當然還有其他辦法也一樣有效。如果覺得改善時間管理的做法有困難，可以就小地方開始，也許每週先嘗試個一兩天就好。觀察成效，再增加天數，直到你能有意識的把每個清醒時段都投入在自己的優先事項上。這並不表示你必須時時保持在「開機」狀態，有滿滿的生產力，而是說，即使你在耍廢，也是經過刻意安排、出於選擇的行為。

建立一個「回饋」系統。誰能給你最有價值的表現回饋，誰的回饋禁得起檢視（他們會把你的最佳利益記在心裡）、誰的最有效（他們知道自己在說什麼）？找出這些人，請他們協助，並安排定期的回饋時間。找出可信賴的夥伴，請他幫助你密切注意進度目標，並與這人建立定期聯絡的步調。

你如何看待風險？是比較願意承擔風險，或是比較保守？你如何面對失敗？或更精準的問，你希望自己如何面對？你會採取什麼樣的過程從失敗中學習與改進？花些時間思考這些問題，並將想法寫下來。我們如何看待風險與失敗，構成了我們的心態核心，因此進行這樣的盤點，會是很好的起點。

逆境韌性有十種技巧。先挑出其中一種（我通常會建議4444呼吸法）練到爐火純青，使之習慣成自然。然後再挑一種來練，以此類推。

這就是你的「起點」任務清單。太多了？那就一個一個來。從第一項開始，實行一段時間，再推進下一項。你選了哪一項並不重要，而是你願意選一個並開始行動。記得卡莉．勞埃德嗎？第三章中提過這位女子足球世界盃冠軍與奧運金牌得主。她之所以成功，就是靠列出清單並付諸行動。她說，「如果我做不到某件事，就會持續努力。做得愈多，就會變成習慣。我會一點一滴的進步，每天都變好一些。」

學學卡莉。列出你的清單，並且開始行動。

與「該如何開始」這個問題相對應的，是另一個常見問題：「人們在追求卓越的路上，最大的障礙在哪裡？」答案很簡單：找藉口。例如我不知道從何開始、我沒有時間、我之後再做、我不確定自己能不能做到。你可能還有更天馬行空的藉口。但藉口其實是種負面自我對話的形式，所以，如果你在腦中聽到這些聲音，表示你已知道邁向卓越的第一步：對抗負面對話，別再找藉口。你其實知道從何開始——我剛剛才告訴過你。你也有時間；事實上，把這些事做好，反而能幫你騰出更多時間。別再拖延，有什麼理由去延後一件能讓你更健康、更快樂、更成功的事呢？是的，你做得到，每個人都可以。

如何幫同事和隊友追求卓越？

學習卓越的支柱不僅適用於個人，也能應用在團隊上，是領導力的重要一環：我該如何帶領團隊邁向卓越？該如何幫助同事與隊友（或團隊成員）學習卓越，讓那些動機不那麼強的人也願意前進？

首先，從「以身作則」開始。讓身邊的人看到什麼叫作「學習卓越」。依循我在本書中提到的原則，但更進一步：與他人分享你正在做的事。談談你的信念，和隊友分享你的目標，示範你如何把失敗當成轉捩點，甚至幫助他人一起練習444呼吸法。學習卓越是會傳染的，當你分享你的練習與結果，可能引起他人的好奇，讓他們也想嘗試看看。記得簡單的心法：了解你的信念、信賴過程、盡人事、壞事放進黑盒。如此可以讓原則更好懂、更好記。

打造一個可以自由表達想法的環境，防止團體迷思（groupthink）。團體迷思指的是，團隊成員爭先恐後的附和領導者，然而這種模式會導致團隊走向失敗。鼓勵每位成員盡可能提出自己獨特的觀點與意見。有個實用的技巧，就是先前提過的「行動後檢討」。每次完成重要任務後，召集團隊一起討論：哪些做得好？哪些可以改進？有個簡單的口訣：「一好、一改進」，也就是：哪一件做得好？哪一件還可以改進？這是很簡單的心法，能快速帶動誠實的對話。行動後檢討的過程和結果一樣重要，關鍵在於每個團隊成員要覺得自己可以敞開心胸，誠實提供回饋，不必擔心被批評或打壓。這對於團隊的新進成員尤其有幫助，因為他們在新環境中，通常會猶豫該不該發聲。

要進一步避免團體迷思，許多軍事與運動團隊會在討論重要決策的會議上，指派一位故意唱反調的人。這個人的角色是質疑對話的主要方向，尋找盲點，提出具挑戰性的問題。如果人人都偏向某個決定，那麼唱反調的人得負責大力質疑這項決定是否明智。軍隊在每次會議中，團隊成員會輪流擔任這個角色，讓每位成員都有機會擔任反對者。

和團隊一起練習正向自我對話。組織環境常是嚴格、要求高、令人疲憊，有時會讓人覺得怎麼做都不夠好。因此，你可以成為團隊的啦啦隊：強化那些有效的做法、熱情慶祝好消息，試著以樂觀的心情，為每天或每週畫下句點。情緒是會傳染的，在團隊中練習正向思維，會逐漸影響並帶動他人。

要理解團隊成員內在的動機來源。在多數團隊環境中，都有豐富的外在動機，舉例來說，多數公司會定期評估績效，為成員打考績，這會影響薪資調整與升遷等重大事宜。大家也會被要求達成各種KPI，這些指標衡量他們每天的工作表現。幾乎在所有領域，我們都被訓練去建立並追蹤各種數據來評估表現。因此，在討論績效時，外在因素自然成為關注的焦點。

然而外在因素通常未必能完全啟發卓越的表現，這是很自然的。沒錯，你想把事情做好，才能獲得很好的分數或考績，或許能因此加薪，或進入理想的學校。但你之所以努力表現，還有其他原因：那種成功帶來的成就感，和你價值觀吻合，以及享受團隊的成功，或這份工作讓你感到興奮與啟發。在激發卓越表現時，外在因素只能帶來這種程度的動力。真正讓我們突破極限的，是內在動機。為了讓團隊成員有更好的表現，得更了解他們的內在動機。他們的核心價值、動力是什麼？了解你隊友及你自己的內在動機，都能幫助你更深入的掌握提升團隊表現的關鍵。

在二〇二〇年與二〇二一年，新冠肺炎大流行期間，包伯・瑞夫（Bob Reiff）有個不可多得的機會，協助團隊採行學習卓越的原理。我在二〇二〇年開始與包伯共事。當時，他是聖路易林肯金融集團（Lincoln Financial）的副總裁，邀請我輔導他與團隊，學習在逆境中達到最佳表現。在疫情大流行時，包伯將其視為一個契機，可以觀察、影響與改善團隊的工作方式，尤其是心態。他以身作則，並清楚傳達他希望團隊專注於可控制因素：態度、努力與行為，不時提醒他們留在圈子裡。他教導大家，把失敗視為學習與調整的機會，並利用學習卓越的原理，發展訓練計畫。他和領導者與團隊成員分享自己從高中足球隊時期就學會的技巧：如視覺化、正向自我對話。他鼓勵大家注重睡眠、營養與運動。他花更多時間傾聽，也督促領導團隊效法，幫助他們培養出對團隊成員的生活與動機因素更全面的理解。

整體而言，成果非常不錯。「我對他們的韌性印象深刻，」他回憶道，「許多人在疫情期間找到自我。他們開始質疑自己過去的工作方式，以及行銷策略。我看到許多自我反思，他們愈來愈能持續自問，怎麼樣才能做得更好？」當然，不是每個人都能適應得很好。的確有一些人缺乏應變能力，難以適應新的商業型態，但這樣的人只占少數。整體來說，包伯發現當他以身作則，傳達卓越的原則之後，他的團隊就會從中學習並成長。

如何教孩子卓越？

這是我最常遇到的問題。父母當然都希望孩子能有最好的發展，但我從提問者的身上（我自己也是兩個小孩的爸）感覺到，今天教養孩子的環境比以往更令人擔憂，父母都在尋求協助。新世代是數位原生世代（digital natives，也稱為數位原住民），從未經歷過那個沒有喧鬧的社群媒體、無止境的串流影音，以及隨時可取得全球資訊的世界。這到底是福是禍？有人說是好壞參半，但無庸置疑的是，這就是現實，家長與孩子都必須學會在這樣的世界中前進。在這喧嚷的數位世界，父母該如何把卓越原則灌輸給孩子呢？

德瑞克．沃克有一套聰明的做法。他曾是小聯盟棒球選手、海豹部隊預備人選，現在則是 Nike 的事業主管。除了精采的職涯，他與妻子還養育了八個孩子。德瑞克自豪的說，雖然家裡常常一團亂（「我們很擅長區域防守」），他和妻子始終以愛和同理心引領全家，成功陪伴孩子通過重重考驗。祕訣何在？失敗。「我大多數的成長都來自失敗，」德瑞克說，「父母要讓孩子走自己的路，也給他們失敗的機會。我們鼓勵孩子去嘗試那些有可能失敗的事情。失敗不是必然的，但在成長過程中，會出現很多挫折與失望。我的任務就是幫助他們從失敗中前進，陪伴他們一起走過這段旅程。」

從海豹部隊退役的彼特．納夏克也鼓勵孩子勇於冒險。彼特從小由單親媽媽養育長大，而他的母親天生就是會讓孩子處於可能失敗的情境之中。「她不讓我們用抱怨來逃避不想做的事，」彼特說，「她會要我們試試看，看會發生什麼事。」他想起九歲時，跟家人一同到夏威夷旅行。「我們看到有人從懸崖上跳水。我確實很想試試看，但我很害怕。媽媽看得出來我想嘗試，就鼓勵我去請其中一位跳水的人幫忙。比起跳水，我更怕和陌生人說話。所以她說：『在你去問他之前，我們不走。』」彼特終究去找了個跳水的人，在他的協助下，開心的從岩石上往水中跳。「她常讓我處於那種情境中（我猜是指請求陌生人協助，而不是懸崖跳水）。她比較常教我方法，而不是幫我安排好一切。」

這種鼓勵孩子挑戰自我的方式，在我合作的所有頂尖人士中都非常一致。他們給父母的首要建議，就是讓孩子進入具挑戰性的情境，在這些情境中，孩子有很大的機會成功，但也有失敗的可能。他們普遍認為，新世代比上一代更害怕冒險，或許這是因為在社群媒體的時代，他們會害怕聲譽受損。為了打破這種心態，父母應該鼓勵孩子勇於嘗試與冒險。這樣，孩子就能經歷到「微失敗」，也就是事情不如預期，但後果不那麼嚴重。他們會因此發現自己的韌性，在面對風險時，培養出更健康的態度。

海豹部隊退役成員馬庫斯．盧崔每天至少跟孩子說三次「我愛你」，這是他設定的目標。但他也說，「如果你不讓孩子承受壓力，生活會替你這麼做。我兒子艾克斯常說我都強迫他去做他不想做的事。我則說，如果我不強迫他，他根本不會去嘗試。」

德瑞克．沃克的育兒建議則是運用簡單的輔導技巧：提問與傾聽。「我們會問孩子一些能刺激思考的問題，」沃克說，「你為什麼這樣做？有沒有別的思考方式？你現在的思考方式是最有幫助的嗎？你可以怎麼換個角度思考？有時候，他們期望我給答案，但我不說，只回了模稜兩可的話，讓他們自己去思考。」

德瑞克支持的開放式提問方式，是我合作的高績效父母中另一種常見的做法。前內華達州雷諾市警官史蒂夫．皮茲有三個孫子。他喜歡問孫子問題，即使他知道答案。「最棒的方式就是和他們聊天，並提出問題。他們會開始自我檢視，甚至在年紀很小的時候就學會反思。當他們問我問題時，我會反問回去：你為什麼問我這件事呢？」這種輕鬆的語言互動，本身就是一種失敗的練習。當孩子嘗試回答他們不知道的問題時，就是在冒險。如果他們答錯（失敗），就從中學習，再試一次。

我們夫妻有兩個孩子，兩人都朝著成為關懷他人、風趣、成功的成年之路前進。就像德瑞克與史蒂夫，我們在孩子較年幼時，會問他們一些問題，並稱之為「為什麼」遊戲，問一些在一般親子關係中通常是由父母回答的問題：天空為什麼是藍的？魚為什麼有魚鱗？花為什麼這麼鮮豔？答案（即「是什麼」）並不重要，重要的是推論的過程：「怎麼做」、「為什麼」（再次強調，要專注於過程，而不是結果）。我之所以特別喜歡這個遊戲，可能是因為我所受的教育大都是死記硬背事實，著重於「是什麼」，而不是「怎麼做」與「為什麼」。我和妻子希望孩子能避開這種學習方式。「為什麼」遊戲幫助我們培養出更有好奇心的孩子，即使不知道答案，也不怕自己去思考、去探索。

負面的自我對話早早就會開始，因此許多與我合作的父母，都會留意這一點。保險公司主管泰德．布朗會在晚餐時間，傾聽孩子是否出現負面自我對話。他有個孩子特別容易自我懷疑，於是他給這孩子一句口訣。「我每天都告訴他，你是個好孩子、你是個好人。」泰德說。「我要他重複這句話，然後告訴他，你一定能克服人生中的任何挑戰，我也會讓他重複這句話。」這些口訣會變成信念，並伴隨這個孩子一生。

把孩子推出舒適圈，鼓勵他們冒險，讓他們練習如何從錯誤中學習與復原；是嘗試與學習，而不是嘗試與犯錯。問孩子問題，但不要直接給答案；讓他們自己思考、自己找出答案。傾聽孩子是否有負面的自我對話，教他們如何以正面的看法來替代。

這一切通常只需要幾個簡單的問題就能做到。

「為什麼？」讓孩子養成有韌性的思考習慣，學會自己解決問題，不因第一次做錯就氣餒。

「你今天學到什麼昨天不知道的事？」幫助培養好奇心與持續學習的態度。

「你今天有勇敢嗎？」提醒他們勇敢的走出舒適圈。

最後，「你對人好不好？尤其是對自己？」因為待人和善能培養韌性。

這些做法適合我嗎？

想想你所崇敬的頂尖人士。可能是藝人、運動員、學者、企業家、政治人物或社區領袖，甚至是你心中的英雄。想好了嗎？腦中浮現他的形象了嗎？也許你還能哼出他的一首歌？現在，我跟你打包票，這個人的卓越是學習而來的。他們或許天生就有些非凡的能力，但那些讓他成為最頂尖的心智技能（他的「軟體」、他的思維方式）都是後天學來的。這可能是自然養成的過程，從父母、師長、良師益友、教練或朋友身上耳濡目染。也可能是透過刻意的努力，正如我曾合作過的許多佼佼者。但有一件事可以確定：這些能力不是與生俱來的。高績效的心智技能不是基因決定的，也不是天生就有的。這代表誰都可以學。任何人都可以。

那麼，如果你不是某個領域中的菁英，亦即所謂的「高績效者」，那又怎樣？多數人都不是。不過，你依舊是個力求表現的人。這並不是說，你要上台表演，而是在生活中真正的投入與付出，那種你因為盡力而感到快樂與滿足的表現，那種你能產生影響、在乎結果的表現。你在工作中努力，在課堂上學習；你以孩子、父母、兄弟姊妹、親人的身分參與生活；你在教會或社區中貢獻；你可以表現得和運動員一樣，無論是挑戰超馬，或只喜歡到附近散散步就回家。你在友情中付出，在伴侶關係中投入。你在生活中不斷實踐自己。

在生活中的每個面向，你都可以表現得更好。你可以學習與練習我在書中提到的原則，將之納入你的日常習慣中。你可以每天進步一點點，持續認識自己與周遭的環境。你會發現，這比你想像中的容易，而且充滿樂趣。你可以的。

或許你心中還是有個聲音在說：我其實不算什麼追求卓越的人，這些事情看起來好麻煩。或者，我不在乎變得更好，我很滿意現狀，別管我。

不，我才不要放生你！因為我相信，高績效技能是每個人都能掌握的，既容易學習，也能簡單實踐。我也相信發揮潛力的感覺很棒，因為我已見證過無數次。不信嗎？那就試試看吧。學習卓越，一個星期就好，看看會如何。你會發現它變成了兩星期、一個月、一年，甚至成為一種生活方式。你會發現自己在工作與學業、家庭、群體與人際關係上的改善，體會那美好的感受。很不錯吧？你還沒有達到那樣的目標，但你會的。

美國歷史學家、作家與哲學家威爾．杜蘭（Will Durant）寫道：「我們是什麼樣的人，就看自己不斷重複什麼樣的事。因此，卓越不是一種行為，而是習慣。」[1]讓卓越成為你的習慣吧。學習卓越，從現在開始。

刻意進化行動方案

三十日、九十日、一百八十日計畫範例

使用這些範本，幫助你實行追求卓越的行動計畫

刻意進化行動方案——三十日	完成日期
為個人信念（自我認同標記／價值觀），提出十個詞。	
為以下六大支柱找出一個目標，寫下來，並口頭與朋友、同事或教練分享：工作、關係、健康、靈性、嗜好、傳承。	
找出四到六位能提供你可信回饋的人。他們必須是你信任且具備能力給予有效意見的人。	
每週選擇兩天，清除行事曆上的「空檔時段」，並將這兩天的任務以紅色、黃色或綠色進行色彩分類。	
每週三天，練習 4444 呼吸法（吸氣四秒、吐氣四到六秒、持續四分鐘、每天四次。記住：關鍵是每分鐘呼吸六次）。	

找出你最重要的四個角色（例如：員工、父母、伴侶等），並為每個角色選出三個你認為該有的心態關鍵詞。	
建立上場前例行程序，協助你在每個角色之間的轉換（例如口訣、在手機上寫下提醒、音樂、冥想）。	
每週四次進行正向回顧練習，做為睡前儀式的一部分：盡量多啟動一些感官，約花個三分鐘回想當天發生的好事。	
報名參加漂浮艙或瑜伽課，或開始寫感恩日誌——每週三次，記錄你感激的事物，並回顧或新增內容。	

刻意進化行動方案——九十日	完成日期
向他人宣導何謂「留在圈圈內」。你能控制的，就只有態度、努力與行為。能教會別人，代表你真正理解了。	
為以下六大支柱，分別找出兩個目標，寫下來，並口頭與朋友、同事或教練分享：工作、關係、健康、靈性、嗜好、傳承。	

讓自己離開舒適圈，每週至少一次（志願參與某計畫、多問問題、嘗試新運動／嗜好、約會、尋求回饋）。	
每週選擇四天，清除行事曆上的「空檔時段」，並將這四天的任務以紅色、黃色或綠色進行色彩分類。	
每週五天，練習 **4444** 呼吸法（吸氣四秒、吐氣四到六秒、持續四分鐘、每天四次。記住：關鍵是每分鐘呼吸六次）。	
練習在重大活動上場前一晚，以及活動前的一到三小時，先進行視覺化練習（例如運動賽事、簡報、與客戶開會、約會、團隊會議）。	
為每次重要的上場表現擬定備援計畫（例如發生突發狀況可採取的替代方案、應對各種問題的準備等等）。	
監測／追蹤你每晚的平均睡眠時數。目標是每週盡量有六天，讓睡眠時間達到七至九小時。	
練習正面的自我對話，檢視自己的信念系統。每週進行一次自我檢查，當出現負面想法時，則要尋找證據，以挑戰不理性的思維。	

刻意進化行動方案——一百八十日	完成日期
重新檢視你的個人信念（代表你的自我認同標記／價值觀的十個詞），決定是否增加或移除哪些詞。	
遇到障礙時，提醒自己要秉持「挑戰」心態，而非「受威脅」（搭配正向自我對話）。記錄你有多少次將困難視為挑戰（例如：「這只是個挑戰」），而非威脅（例如：「這會影響我的名聲、自尊、被評價」）。目標是表達挑戰心態的次數要占八成。	
養成習慣：每次只對一個流程做一項改變，然後衡量結果。改變太多、太快，是隨意且低效的改進方式。	
每週選擇六天，清除行事曆上的「空檔時段」，並將這六天的任務以紅色、黃色或綠色進行色彩分類。	
每週五天，練習 4444 呼吸法（吸氣四秒、吐氣四到六秒、持續四分鐘、每天四次。記住：關鍵是每分鐘呼吸六次）。	

在三個領域（工作、關係、健康）中各設定兩大目標，並把這些目標切割成較小、可掌控的部分。在每個領域中設定六個月的目標，運用 SMART 原則，將其切割成一個月的小型目標，每個月檢視這些小目標的達成情況。	
練習把失誤、錯誤與疏漏放進黑盒，保持「以任務為導向的心態」，結束後再重啟黑盒，從錯誤中學習。	
每月檢查一次自我覺察，使用綠色、黃色、紅色標示以下狀況：生活事件、壓力、情緒、睡眠、健康、物質攝取、專注與工作場所氣氛）。如果有黃色或紅色，則擬定計畫，處理「心理表現生命徵象」的區塊，以免影響表現。	
在每日行程中安排「科技休息」時間或「斷訊時段」（如不收發電子郵件、手機／簡訊、社群媒體），即使是短暫的休息也有益身心。	

致謝

這本書的問世，絕對少不了下列頂尖人士的參與。每一位高手都不吝給予我們時間與支持，展現出激勵他們站上世界頂端一樣的能量與熱情。非常、非常感謝你們：

- 艾力克斯．克隆加德，海豹部隊退役少將，前美國國家安全委員會委員
- 艾力克斯．梅爾斯，職業電競選手
- 安迪．沃許，前紅牛公司人類高績效方案主管，前美國滑雪與單板滑雪隊高績效總監
- 安東尼．歐辛努加，職業特技飛行員

- 班恩·波特文，前太陽馬戲團表演者、總教練與表演設計
- 布連恩·范斯，企業家、投資者、慈善家
- 包伯·瑞夫，企業高層主管與領導者
- 卡莉·勞埃德，美國國家女子足球隊員、兩屆世界盃冠軍與年度最佳球員、兩屆奧運金牌得主
- 大衛·柯特里，前美國十公尺跳水國手、紅牛懸崖跳水冠軍
- 戴夫·伍茲爾，兩屆消防戰鬥挑戰賽世界冠軍（二〇一七、二〇一八年）
- 迪娜·瑞爾森，奧勒岡州資深助理檢察長
- 德瑞克·沃克，Nike財務主管、前棒球球員與海豹部隊預備人選
- 艾瑞克·史波斯特拉，ＮＢＡ邁阿密熱火隊總教練，球隊二度獲ＮＢＡ冠軍
- 伊恩·瓦西，職業大浪衝浪者
- 吉米·林德爾，海豹部隊退役士官長，在船長菲利普斯遭挾持的救援任務中擔任狙擊手

- 約翰．馬爾克斯，退休警官與人質談判者
- 喬．馬魯恩，神經外科醫師，三鐵選手，匹茲堡鋼人隊隊醫
- 凱蒂．史丹菲爾，前美國海軍直升機飛行員、海軍軍官、美國海軍學院運動員
- 馬庫斯．盧崔，海軍海豹部隊退役成員，紅翼行動唯一倖存者
- 麥克．道羅，前海軍海豹部隊排長
- 麥克．道迪，職業滑水選手，二〇一六年世界冠軍
- 陳巍，二〇二二年冬奧男子花式滑冰金牌、三屆世錦賽金牌、六度美國金牌
- 派蒂．布蘭德梅爾，前中情局分析師與資深領導者
- 潘妮洛普．帕米斯，國際標準舞三屆世界冠軍，退休律師
- 彼特．納夏克，退役海豹部隊第五分隊指揮士官長
- 瑞奇．希爾，美國大聯盟投手
- 史蒂夫．伊杜克斯，諾德保險福利顧問部門總裁暨合夥人

- 史蒂夫．皮茲，前內華達州雷諾市警察局長
- 泰德．布朗，諾德保險經紀公司合夥人暨區域總裁
- 提姆．墨菲，前美國賓州眾議員（二〇〇三年至二〇一七年）
- 托比．米勒，職業單板滑雪運動員
- 張勝，美國世紀投資公司投資長

謝謝我的妻子安德莉亞，以及兩個孩子蘿倫與布萊斯，這些年來，他們總是永無止境的付出愛、支持與鼓勵。我擔任的諸多角色中，最得意的兩個就是先生與父親。我的家庭向來最重視溝通、信賴、尊重、妥協、好奇心與歡樂。如此一來，所有事情都變得輕鬆，也讓我們的家真正成為避風港。你們是泉源，總是激勵我更深的投入幫助他人發揮潛能的熱情。我待過最優秀的團隊，就是我的家庭。家庭永遠是第一，也因為家人的愛與熱心，讓我能夠安心工作。這實在是美妙的一趟旅程！

深深感謝我的父母喬治（Georges）與蘇西（Susie）。我的價值觀、工作倫

理與熱情，都是來自你們的啟發。如果少了你們早年持續的支持與指導，這本書與我的職涯不可能存在。

我有一群親愛的朋友所構成的特殊生態圈——就像我個人的董事會。董事長是我的密友史蒂夫．高弗瑞（Steve Godfrey）。我一定要向你表達深深的感激。你是我認識的人當中，反思與同理能力數一數二的人。無論是與我討論想法、拉著我花點時間去滑雪、健行、騎單車，或是運用幽默感，讓我從工作中喘息一下，總之，你的友誼讓我能保持平衡，完成本書。

謝謝我的恩師威廉．佩瑞博士（Dr. William Perry）與吉姆．鮑曼博士（Dr. Jim Bauman）。佩瑞博士是我的論文指導教授，為我設定高標準，也協助我達成目標，成為良善的臨床心理學家與研究者，也讓我明白，艱難且人少的路往往才是值得走的路。鮑曼博士是非常優秀的運動心理學家，在我轉向職業運動領域工作時，他給予我極具專業的指導。我從未見過有誰能和運動員建立如此深厚的連結。你們有善解人意、耐心、卓越智慧這三大特質。謝謝你們兩人，讓我成為更好的專業人士，成為更好的人。

特別感謝美軍成員，尤其是美國特種作戰部隊的成員。在這團體中，衷心感謝美國海軍海豹部隊及其家屬。能擔任這群卓越人才現役期間的績效與臨床心理學家，將永遠是我職業生涯中最有價值、最有意義、最重要的一部分。多數人永遠不會了解你們為國家、為世界上最需要幫助的人所做出的犧牲。我在海豹部隊的十年期間，你們教會了我好多好多事。你們是人類表現的顛峰，尤其是在心理韌性這塊領域。還要特別感謝特種部隊成員的配偶與家人。你們持續奉獻（在部署期間，不知道伴侶大部分的日常任務與行動細節等等），以及你們能以堅毅、信念、機智與韌性來面對這些挑戰，堪稱擁有不可思議的超能力。能與特種戰士合作、認識他們的家人，是我的榮幸。我會永遠效忠海軍特戰部隊，只要一通電話，我隨時隨地都願效力。

謝謝所有先遣急救員。我有好朋友是警察與消防員，過去十年，我也在許多警政與消防機構、會議與高峰會中演講，我的目標一方面是向這些人學習，同時幫助大家提升韌性，邁向卓越。我總是對你們的身分與作為萬分敬佩！沒有多少人會選擇往危險奔去的生活。你們每個人都是社會的珍貴禮物。謝謝你們。

謝謝洛杉磯道奇隊，尤其是史丹·卡斯頓（Stan Kasten）、安德魯·佛里曼、喬許·伯恩斯（Josh Byrnes）、比利·加斯帕里諾（Billy Gasparino）與戴夫·羅伯斯（Dave Roberts）。你們在二〇一六年聘雇我時，充分授權我建立心理表現評估、選才、培訓與優化計畫。我感謝你們讓我有機會成長、能夠花更多時間陪伴家人，並且現在能專注於選秀、球探與人才招募的領域。多年來我總說：「要打造最好的劍，就需要最好的鋼。」此外，特別感謝已故的湯米·拉索達。每每回想與你一同用餐的時光，我就忍不住微笑，因為你總會說各式各樣的精采故事，從比賽的回憶到哪家餐廳的義大利麵最好吃都能聊。道奇隊的組織展現了真正的品格、創新精神與持續的卓越表現，你們都是我職業生涯中真正的亮點。

感謝國防部出版與安全審查處（Defense Office of Prepublication and Security Review）。在這個部門中，道格·麥康（Doug McComb）與保羅·約考伯梅爾（Paul Jacobsmeyer）展現了極高的專業素養與細緻的審查，確保手稿中未公開資訊的安全。他們的協助讓整個流程非常順暢。誠摯感謝兩位的定期溝通與修正。

感謝中情局出版前分類審查委員會（Prepublication Classification Review

Board），審閱本書書稿中的訪談摘錄與軼事。你們迅速且精準的回覆令人印象深刻，也讓我們得以如期完成工作。

謝謝我們的研究人員瑪莉娜·克拉科夫斯基（Marina Krakovsky），以好奇心與研究成果，讓這本書更豐富，並以評論與提問激發我們的思考，更以編輯角度提出建議，讓這本書更好。期待下本書再合作，瑪莉娜！

感謝編輯何莉絲·辛波（Hollis Heimbouch），她是出色的意見交流對象與精妙的文字高手，也是馬拉松跑者與鐵人三項選手。她告訴我們，身為追求卓越的人，她很欣賞我們的內容時，我們就知道自己走對了方向。謝謝傑出的經紀人吉姆·勒凡（Jim Levine），是他幫我們與何莉絲牽起了這段合作關係，他一邊在紐約街頭散步，一邊實踐他對卓越的堅持時，也抽空接聽了我們的電話。

最後，謝謝無數準備上場表現的佼佼者——軍人、運動員、企業人士、國會議員、律師、藝術家、人類潛能開發領域的領導者與醫療專業人員——在我的職業生涯中，無論是以個案的身分，或是同業的身分，能與你們共事都是我的榮幸。

注釋

01　你，上場時刻

1. 自我決定論（Self-determination theory）有大量研究支持，主張勝任（competence）是內在心理需求的三大要素之一（另外兩項是自主〔autonomy〕與歸屬〔relatedness〕），能促成我們的健全。Richard M. Ryan and Edward L. Deci, "Self-Determination Theory and the Facilitation of Intrinsic Motivation, Social Development, and Well-Being," *American Psychologist* 55, no. 1 (January 2000): 68–78, https://doi.org/10.1037/0003-066X.55.1.68.
2. Nancy E. Newall et al., "Regret in Later Life: Exploring Relationships Between Regret Frequency, Secondary Interpretive Control Beliefs, and Health in Older Individuals," *International Journal of Aging and Human Development* 68, no. 4 (2009): 261–88, https://doi.org/10.2190/AG.68.4.a.

02　學習何謂卓越

1. Martin J. Barwood et al., "Breath-Hold Performance During Cold Water Immersion: Effects of Psychological Skill Training,"

Aviation, Space, and Environmental Medicine 77, no. 11 (November 2006): 1136–42, https://www.researchgate.net/publication/6709881_Breath-hold_performance_during_cold_water_immersion_Effects_of_psychological_skills_training.

2. 賈維、赫西瑟與伊格在一九七〇與八〇年代奠定了道奇隊的領先地位。拉索達在一九七六到一九九六年間擔任道奇隊總教練。

03 目標驅動

1. 這段引言可能是杜撰的，但總之先別深究了。Garson O'Toole, "When You Come to a Fork in the Road, Take It," Quote Investigator, accessed March 13, 2023, https://quoteinvestigator.com/2013/07/25/fork-road/#google_vignette.
2. 二〇〇〇年，在《人格與社會心理學期刊》（*Journal of Personality and Social Psychology*）中有一篇研究，包含先前研究的摘要，探討過往事件與所導致的信念如何影響當前的行為。這份研究一開始就說：「曾在某個時間點表現出某種行為的人，未來很可能有同樣的行為。」並引用幾份研究，支持這項說法。D. Albarracin and R. S. Wyer Jr., "The Cognitive Impact of Past Behavior: Influences on Beliefs, Attitudes, and Future Behavioral Decisions," *Journal of Personality and Social Psychology* 79, no. 1 (2000): 5–22, https://doi.org/10.1037/0022-3514.79.1.5.

04　心態致勝

1. “Google Books Ngram Viewer for Term ‘Mindset,’” Google Books, accessed March 13, 2023, https://books.google.com/ngrams/graph?content=mindset&year_start=1800&year_end=2019&corpus=26&smoothing=3&direct_url=t1%3B%2Cmindset%3B%2Cc0#t1%3B%2Cmindset%3B%2Cc0.
2. “Google Trends Explore for Term ‘Mindset,’” Google Trends, accessed March 13, 2023, https://trends.google.com/trends/explore?date=all&q=mindset.
3. “Bewusstseinslage,” *APA Dictionary of Psychology*, American Psychological Association, accessed March 13, 2023, https://dictionary.apa.org/bewusstseinslage.
4. Alia J. Crum, Peter Salovey, and Shawn Achor, “Rethinking Stress: The Role of Mindsets in Determining the Stress Response,” *Journal of Personality and Social Psychology* 104, no. 4 (2013): 716–33, https://doi.org/10.1037/a0031201.
5. Matt Abrahams, “Mindset Matters: How to Embrace the Benefits of Stress,” Stanford Graduate School of Business, accessed March 13, 2023, https://www.gsb.stanford.edu/insights/mindset-matters-how-embrace-benefits-stress.
6. Christopher J. Beedie and Abigail J. Foad, “The Placebo Effect in Sports Performance: A Brief Review,” *Sports Medicine* 39, no. 4 (2009): 313–29, https://doi.org/0112-1642/09/0004-0313.

7. Lysann Damisch, Barbara Stoberock, and Thomas Mussweiler, "Keep Your Fingers Crossed! How Superstition Improves Performance," *Psychological Science* 21, no. 7 (May 28, 2010): 1014–20, https://doi.org/10.1177/0956797610372631.
8. Wayne Dollard, "How Pickleball Really Got Its Name!," *Pickleball Magazine,* January 2021, https://www.pickleballmagazine.com/pickleball-articles/How-Pickleball-Really-Got-Its-Name!
9. 從這本書或許可看出端倪：最早探討關於運動表現心理層面的研究之一，是一九七四年的暢銷書《比賽，從心開始》（*The Inner Game of Tennis*），作者是提摩西·高威（W. Timothy Gallwey, New York: Random House, 1974；繁體中文版由經濟新潮社出版）。雖然當時書中並未使用「心態」一詞，但整本書的核心就是：更強的心理素質會直接影響表現結果。
10. Carol Dweck, "What Having a Growth Mindset Actually Means," *Harvard Business Review*, January 13, 2016, https://hbr.org/2016/01/what-having-a-growth-mindset-actually-means.
11. Emily G. Liquin and Alison Gopnik, "Children Are More Exploratory and Learn More Than Adults in an Approach-Avoid Task," *Cognition* 218 (2022): 104940, https://doi.org/10.1016/j.cognition.2021.104940.
12. E. A. Gunderson et al., "Parent Praise to Toddlers Predicts Fourth Grade Academic Achievement Via Children's Incremental Mindsets," *Developmental Psychology* 54, no. 3 (2018): 397–409,

https://doi.org/10.1037/dev0000444.

13. Daeun Park et al., "The Development of Grit and Growth Mindset During Adolescence," *Journal of Experimental Child Psychology* 198 (October 2020): 104889, https://doi.org/10.1016/j.jecp.2020.104889.
14. Adam M. Grant and Barry Schwartz, "Too Much of a Good Thing: The Challenge and Opportunity of the Inverted U," *Perspectives on Psychological Science* 6, no. 1 (2011): 61–76, https://doi.org/10.1177/1745691610393523.
15. David Tod, James Hardy, and Emily Oliver, "Effects of Self-Talk: A Systematic Review," *Journal of Sport and Exercise Psychology* 33, no. 5 (2011): 666–87, https://doi.org/10.1123/jsep.33.5.666.
16. E. Cross and O. Ayduk, "Self-Distancing: Theory, Research, and Current Directions," *Advances in Experimental Social Psychology* 55 (2017): 81–136, https://doi.org/10.1016/bs.aesp.2016.10.002.
17. James Hardy, Aled V. Thomas, and Anthony W. Blanchfield, "To Me, to You: How You Say Things Matters for Endurance Performance," *Journal of Sports Sciences* 37, no. 18 (2019): 2122–30, https://doi.org/10.1080/02640414.2019.1622240.
18. 許多研究確認過表現前例行公事的效果。這份二〇二一年的統合研究，就是很好的摘要。Anton G. O. Rupprecht, Ulrich S. Tran, and Peter Gröpel, "The Effectiveness of Pre-Performance Routines in Sports: A Meta-Analysis," *International Review of Sport and Exercise Psychology* (October 2021), https://doi.org/10.

1080/1750984X.2021.1944271.

19. 研究人員在二〇〇四年到二〇〇九年，在兩百三十九場賽事中，研究四百二十一位高爾夫球選手兩百五十萬次的推桿。為了取得數據，PGA 還在球場的每個洞周圍安裝雷射裝置，測量與記錄每一球在擊出之後的坐標，誤差在一吋之內。
20. Devin G. Pope and Maurice E. Schweitzer, "Is Tiger Woods Loss Averse? Persistent Bias in the Face of Experience, Competition, and High Stakes," *American Economic Review* 101, no. 1 (2001): 12957, http://dx.doi.org/10.1257/aer.101.1.129.
21. Ryan Elmore and Andrew Urbaczewski, "Loss Aversion in Professional Golf," *Journal of Sports Economics* 22, no. 2 (2021): 202–17, https://doi.org/10.1177/1527002520967403.

05 精進歷程

1. Brad Aeon and Herman Aguinas, "It's About Time: New Perspectives and Insights on Time Management," *Academy of Management Perspectives* 31, no. 4 (2017): 309–30, https://doi.org/10.5465/amp.2016.0166.
2. Jonathan Baron and John C. Hershey, "Outcome Bias in Decision Evaluation," *Journal of Personality and Social Psychology* 54, no. 4 (1988): 569–57, http://bear.warrington.ufl.edu/brenner/mar7588/Papers/baron-hershey-jpsp1988.pdf.
3. Amos Tversky and Daniel Kahneman, "Availability: A Heuristic

for Judging Frequency and Probability," *Cognitive Psychology* 5 (1973): 207–32, https://familyvest.com/wp-content/uploads/2019/02/TverskyKahneman73.pdf.

4. Robert B. Durand, Fernando, M. Patterson, and Corey A. Shank, "Behavioral Biases in the NFL Gambling Market: Overreaction to News and the Recency Bias," *Journal of Behavioral and Experimental Finance* 31 (September 2021): 100522, https://doi.org/10.1016/j.jbef.2021.100522.
5. Michael Bar-Eli et al., "Action Bias Among Elite Soccer Goalkeepers: The Case of Penalty Kicks," *Journal of Economic Psychology* 28, no. 5 (2007): 606–21, https://doi.org/10.1016/j.joep.2006.12.001.
6. Peter Jensen Brown, "The History and Origin of 'Monday Morning Quarter-back,'" *Early Sports and Pop Culture History Blog*, accessed March 13, 2023, https://esnpc.blogspot.com/2014/07/the-history-and-origin-of-monday.html.

06　逆境韌性

1. D. Meichenbaum and R. Cameron, "Stress Inoculation Training," in *Stress Reduction and Prevention*, ed. D. Meichenbaum and M. E. Jarenko (Boston: Springer, 1989), 115–54, https://doi.org/10.1007/978-1-4899-0408-9_5.
2. 研究顯示，雖然人人都會受到戰、逃或僵住的影響，但女性在暴露於壓力源時，會傾向於「照料與友善對待」的直覺，也就是確保子女安全（照料），與他人建立關係、尋求安全（友善對待）。Shelley E. Taylor et al., "Biobehavioral Responses to Stress in Females: Tend-and-Befriend, Not Fight-or-Flight," *Psychological Review* 107, no. 3 (2000): 411–29, https://doi.org/10.1037//0033-295X.107.3.411.

3. Robert M. Sapolsky, *Why Zebras Don't Get Ulcers*, 3rd ed. (New York: Holt Paperbacks, 2004), 11. 繁體中文版《壓力：你一輩子都必須面對的問題，解開壓力與生理、精神的糾纏關係！》，柿子文化，2021 年。
4. Sapolsky, *Why Zebras Don't Get Ulcers*, 6.
5. 舉例而言，二〇一五年一篇關於 KMI 的報告，引用過去的研究，說明「KMI 的使用頻率會隨著競爭程度而增加，因此職業運動員有別於業餘運動員，且能在奧運田徑場上區分出成功與不成功的參賽者」。K. Richard Ridderinkhof and Marcel Brass, "How Kinesthetic Motor Imagery Works: A Predictive-Processing Theory of Visualization in Sports and Motor Expertise," *Journal of Physiology Paris* 109, nos. 1–3 (2015): 53–63, https://doi.org/10.1016/j.jphysparis.2015.02.003.
6. Paul S. Holmes and David J. Collins, "The PETTLEP Approach to Motor Imagery: A Functional Equivalence Model for Sport Psychologists," *Journal of Applied Sport Psychology* 13, no. 1 (2001): 60–83, https://doi.org/10.1080/10413200109339004.
7. 有幾項研究支持這幾點：

   二〇一七年，在《心理學前線》（*Frontiers in Psychology*）

中有研究發現，進行深呼吸的參與者（此研究為每分鐘四次呼吸）專注力明顯較佳，皮質醇（一種壓力指標）的比率也降低。Xiao Ma et al., “The Effect of Diaphragmatic Breathing on Attention, Negative Affect, and Stress in Healthy Adults,” *Frontiers in Psychology* 8 (June 6, 2017): 874, https://doi.org/10.3389/fpsyg.2017.00874.

二〇一七年一項針對射擊選手的研究發現，心率變異度和自我效率（自信）相關，而且是很強的表現指標。E. Ortega and C. J. K. Wang, “Pre-Performance Physiological State: Heart Rate Variability as a Predictor of Shooting Performance,” *Applied Psychophysiology and Biofeedback* 43, no. 1 (March 2018): 75–85, https://doi.org/10.1007/s10484-017-9386-9.

另一項二〇一七年的研究顯示，每分鐘呼吸六次，進行十五分鐘，可以穩定情緒，降低血壓，提高心率變異度。Patrick R. Steffen et al., “The Impact of Resonance Frequency Breathing on Measures of Heart Rate Variability, Blood Pressure, and Mood,” *Frontiers in Public Health* 5 (August 25, 2017): 222, https://doi.org/10.3389/fpubh.2017.00222.

8. Szu-chi Huang, Liyin Jin, and Ying Zhang, “Step by Step: Sub-Goals as a Source of Motivation,” *Organizational Behavior and Human Decision Processes* 141 (July 2017): 1–15, https://doi.org/10.1016/j.obhdp.2017.05.001.
9. L. Houser-Marko and K. M. Sheldon, “Eyes on the Prize or Nose to the Grindstone? The Effects of Level of Goal

Evaluation on Mood and Motivation," *Personality and Social Psychology Bulletin* 34, no. 11 (2008): 1556–69, https://doi.org/10.1177/0146167208322618.

10. 艾利斯博士已在二〇〇七年離世。他在一九五〇年代中期發展出 ABC 模式，為心理健康新療法奠定基礎，他稱之為「理情療法」（Rational Emotive Therapy）。理情療法（如今稱為理情行為療法〔REBT〕，納入了行為〔behavior〕）是認知行為療法（Cognitive Behavior Therapy，簡稱 CBT）最早的例子之一，患者（通常在治療師協助下）會檢驗與調整自己對事物的想法與處理方式，努力改善心理健康（主要是焦慮和憂鬱症）。這在當時和常見的心理療法很不一樣，當時的治療師會探討有意識與無意識的思維、情感與童年經驗，藉以解釋與處理心理健康問題。
11. Shakespeare, *Hamlet*, 2.2.239–40.
12. Alia J. Crum, Peter Salovey, and Shawn Achor, "Rethinking Stress: The Role of Mindsets in Determining the Stress Response," *Journal of Personality and Social Psychology* 104, no. 4 (2013): 716–33, https://doi.org/10.1037/a0031201.
13. Kelly McGonigal, *The Upside of Stress: Why Stress Is Good for You, and How to Get Good at It* (New York: Avery, 2016), xxi. 繁體中文版《輕鬆駕馭壓力》，先覺出版，2016 年。

07　調節復原

1. Jarrod M. Haar et al., "Outcomes of Work-Life Balance on Job Satisfaction, Life Satisfaction, and Mental Health: A Study Across Seven Cultures," *Journal of Vocational Behavior* 85, no. 3 (December 2014): 361–73, https://doi.org/10.1016/j.jvb.2014.08.010.
2. Gunnthora Olafsdottir et al., "Health Benefits of Walking in Nature: A Randomized Controlled Study Under Conditions of Real-Life Stress," *Environment and Behavior* 52, no. 3 (2018): 248–74, https://doi.org/10.1177/0013916518800798.
3. Gregory N. Bratman et al., "Nature Experience Reduces Rumination and Subgenual Prefrontal Cortex Activation," *Proceedings of the National Academy of Sciences* 112, no. 28 (June 29, 2015), https://doi.org/10.1073/pnas.1510459112.
4. Lilian Jans-Beken et al., "Gratitude and Health: An Updated Review," *Journal of Positive Psychology* 15, no. 6 (2020): 743–82, https://doi.org/10.1080/17439760.2019.1651888.

08　練習卓越

1. Will Durant, *The Story of Philosophy: The Lives and Opinions of the Greater Philosophers* (New York: Simon & Schuster, 1926), 69. 繁體中文版《哲學的故事》，野人文化，2021 年。

國家圖書館出版品預行編目（CIP）資料

刻意進化：突破極限的心智鍛鍊／艾瑞克・波特瑞特（Eric Potterat）、亞倫・伊格爾（Alan Eagle）著；呂奕欣譯 . -- 第一版 . -- 臺北市：遠見天下文化出版股份有限公司, 2025.07
面；　公分 . --（財經企管；BCB884）
譯自：Learned excellence: Mental Disciplines for Leading and Winning from the World's Top Performers.
ISBN 978-626-417-466-4（平裝）

1. CST：自我肯定　2. CST：自我實現

177.2　　114008629

財經企管 BCB884

刻意進化

突破極限的心智鍛鍊

Learned Excellence:
Mental Disciplines for Leading and Winning from the World's Top Performers

作者 — 艾瑞克・波特瑞特博士（Eric Potterat, PhD）
亞倫・伊格爾（Alan Eagle）
譯者 — 呂奕欣

副社長兼總編輯 — 吳佩穎
資深主編暨責任編輯 — 陳怡琳
校對 — 呂佳真（特約）
美術設計 — BIANCO TSAI（特約）
內頁排版 — 張靜怡、楊仕堯

出版者 — 遠見天下文化出版股份有限公司
創辦人 — 高希均、王力行
遠見・天下文化 事業群榮譽董事長 — 高希均
遠見・天下文化 事業群董事長 — 王力行
天下文化社長 — 王力行
天下文化總經理 — 鄧瑋羚
國際事務開發部兼版權中心總監 — 潘欣
法律顧問 — 理律法律事務所陳長文律師
著作權顧問 — 魏啟翔律師
地址 — 台北市 104 松江路 93 巷 1 號

讀者服務專線 — (02) 2662-0012 ｜傳真 — (02) 2662-0007；(02) 2662-0009
電子郵件信箱 — cwpc@cwgv.com.tw
直接郵撥帳號 — 1326703-6 號　遠見天下文化出版股份有限公司

製版廠 — 東豪印刷股份有限公司
印刷廠 — 祥峰印刷事業有限公司
裝訂廠 — 台興印刷裝訂股份有限公司
登記證 — 局版台業字第 2517 號
總經銷 — 大和書報圖書股份有限公司 電話／(02) 8990-2588
出版日期 — 2025 年 7 月 31 日第一版第 1 次印行

定價 — NT 420 元
ISBN — 978-626-417-466-4
EISBN — 978-626-417-458-9（EPUB）；978-626-417-459-6（PDF）
書號 — BCB884
天下文化官網 — bookzone.cwgv.com.tw